AF551391

GottesdienstPraxis Serie B

Arbeitshilfen für die Gestaltung von Gottesdiensten zu Kasualien, Feiertagen und besonderen Anlässen

Herausgegeben von Christian Schwarz

Konfirmation

Gottesdienste in der Konfirmandenzeit

Herausgegeben von Christian Schwarz

Sollte diese Publikation Links auf Webseiten Dritter enthalten, so übernehmen wir für deren Inhalte keine Haftung, da wir uns diese nicht zu eigen machen, sondern lediglich auf deren Stand zum Zeitpunkt der Erstveröffentlichung verweisen.

Penguin Random House Verlagsgruppe FSC® N001967

1. Auflage

Umschlagmotiv: © Image by 165106 from Pixabay
Satz: Buch-Werkstatt GmbH, Bad Aibling
Druck und Einband: GGP Media GmbH, Pößneck
Printed in Germany
ISBN 978-3-579-07563-1
www.gtvh.de

Inhalt

Eine Brücke
Predigt über Gen 9,13 zu Beginn des Vorkonfirmanden-unterrichts
Wolfram Braselmann 9

Durch-blicken
Predigt bei der Konfi-Vorstellung
Michaela Deichl 11

Stadt, Land, Fisch
Begrüßungsgottesdienst
Christoph Kock 13

Gottesdienste von und für Konfirmandengruppen

Was macht uns einzigartig?
Dialogpredigt zu Ps 139,14
Francesco Cattani und Isabella Schmidt-Akala 19

Das letzte Abendmahl
Gottesdienst zum Gründonnerstag
Emilia Handke 23

Alle an einem Tisch
Eine Szene zum Gründonnerstag
Frank Howaldt 30

Be kind
Wie Jesus einem Ausgestoßenen begegnet
Berthold W. Haerter und Antonia Lüthy Haerter 34

Wir sind Gottes Ebenbilder
Gottesdienst mit Baumpflanzung
Rolf Heinrich 43

Krisenfest
Vorstellungsgottesdienst
Christoph Kock 52

Anders als gedacht. Worüber Jesus sich wundert
Ein Abendgottesdienst
Christoph Kock 60

Gottesdienste zur Konfirmation

Etwas Besonderes
Taufe kurz vor der Konfirmation
Kurt Rainer Klein 68

Brot
Predigt über Joh 6,30–35
Jörg Prahler 71

Neuer Wein
Predigt über Mt 9,14 f.17
Jörg Prahler 76

Es muss alles anders werden
Predigt am Vorabend der Konfirmation
Mechthild Friz 80

Kreuzweise
Abendmahlsgottesdienst vor der Konfirmation
Christoph Kock 83

Da ist nicht Mann und Frau
Gottesdienst zur Konfirmation
Berthold W. Haerter und Antonia Lüthy Haerter 88

Wasserbäche
Konfirmationspredigt über Psalm 1
Wolfram Braselmann 102

Vom Leben
Konfirmationspredigt über Ps 23
Heinz Behrends 104

Ist da jemand?
Konfirmationspredigt über ein Lied von Adel Tawil und Ps 139,5
Michaela Deichl 108

Reise
Konfirmationspredigt über Apg 8,26–39
Francesco Cattani 112

Der unbeirrbare Sämann
Konfirmationspredigt
Kurt Rainer Klein 116

Unglaublich wunderbar
Konfirmationsgottesdienst mit Ps 139,14 und den Peanuts
Christoph Kock 119

Gott, (m)ein Fels
Konfirmationspredigt über Ps 18,2
Anja Lochner 126

Gute Fundamente
Konfirmationspredigt über Lk 6,47–49
Jörg Prahler 130

Guter Rat
Konfirmationspredigt zu Spr 3,1–8
Jörg Prahler 137

Glaube wächst
Konfirmationspredigt über 1 Kor 13,11
Micaela Strunk-Rohrbeck 143

Weiter Raum
Konfirmationspredigt über Ps 31,9b
Micaela Strunk-Rohrbeck 148

Wüste
Konfirmationspredigt über Offb 21,6
Micaela Strunk-Rohrbeck 152

Nicht nur aus eigener Kraft
Konfirmationspredigt auf dem Rad
Martin Vogt 156

Fünf Wünsche
Konfirmationspredigt über Ps 119
Klaus von Mering 161

Konfirmation eines jungen Erwachsenen im Gemeinde-gottesdienst
Corinna Hirschberg 164

Wenn Jesus heute käme
Konfirmationspredigt
Christian Schwarz 166

Liturgische Bausteine

Dank und Fürbitte
Micaela Strunk-Rohrbeck 170

Lied zur Konfirmation
Micaela Strunk-Rohrbeck 171

Texte zur Konfirmation
Kurt Rainer Klein 172

Fürbittengebet
Claus Marcus 174

Die Autorinnen und Autoren 176

Eine Brücke
Predigt über Gen 9,13 zu Beginn des Vorkonfirmandenunterrichts

Wolfram Braselmann

Liebe Vorkonfirmandinnen, liebe Vorkonfirmanden, liebe Gemeinde!
Von einem Bogen hören wir da, einem Zeichen Gottes, um die Verbindung anzuzeigen, Gottes Bund zwischen ihm und der Erde: So etwas wie eine Brücke, gebaut von einem Ufer zum andern, schon damals am Anfang der Bibel, am Anfang der Zeit, so stellt die Bibel sich das vor.
Eine Brücke, das bedeutet: Es gibt Grenzen auf der Welt, aber wir können sie überschreiten. Überschreiten dann, wenn wir uns an die Arbeit des Brückenbauens machen.
Und der Konfirmandenunterricht, der für uns jetzt beginnt. Das ist, neben manchem anderen, eben auch, dass Menschen sich daran machen, Brücken zu bauen. Und es liegt eben manches daran, dass das dann auch so gewollt ist: dass da Brücken gebaut werden, zueinander.
Wenn da fast dreißig junge Menschen, zufällig ein Jahrgang einer Kirchengemeinde, für eine Zeit regelmäßig zusammenkommen, dann hängt das Gelingen auch daran: dass man, und dass ihr einander verstehen wollt, einander akzeptieren wollt. Und, wenn es gelingt: einander schätzen lernt.
Denn im Konfirmandenunterricht ist es vielleicht das letzte Mal, dass Jugendliche aus ganz verschiedenen Familien, mit ganz verschiedenem Hintergrund, aus ganz verschiedenen Schulen noch einmal zusammenkommen. Heute geschieht das ja vielleicht viel zu oft, viel zu schnell und viel zu früh, dass junge Menschen sortiert und getrennt werden, allein schon durch die Schulart.
Aber im Konfirmandenunterricht kommt ihr dann noch einmal zusammen: mit den Schwierigkeiten und all den Möglichkeiten eben, Brücken zu bauen, einander noch einmal kennenzulernen, euch füreinander zu interessieren. Und allein schon, wenn das gelingt, ist viel gelungen.
Nicht nur die Inhalte des Konfirmandenunterrichts, das Glaubensbekenntnis, die Gebote und so sind das Christliche am Konfirmanden-

unterricht, auch die Art, wie wir einander begegnen: ob es gelingt, Brücken zu bauen. Und da wollen wir wohl gespannt sein, wie das sein wird.

Und das Einüben ins Brückenbauen ist zugleich ein Einüben ins Kirche-Sein. Denn die Kirche steht und fällt nicht nur damit, dass sie sich auf eine bestimmte Grundlage bezieht, sondern auch damit, dass in ihr viele Menschen auf Brücken zueinanderfinden. Und so ist der Konfirmandenunterricht immer auch ein Spiegel dessen, was Kirche ist.

Brücken brauchen, wenn sie verlässlich sein wollen, Fundamente, sie müssen tragen können. Und deshalb sind sie erst einmal Zweckbauten. Deshalb fragen wir im Konfirmandenunterricht nach dem, was tragen kann im Glauben und auch im Leben: worauf ich mich verlassen kann an guten und schweren Tagen im Leben, wonach ich mich richten kann im Leben, an wen ich mich wenden kann. Und deshalb kommen wir immer wieder auch auf alte Fundamente des Lebens, alte Sätze, Gebote, Bekenntnisse, Gebete zurück, von denen schon viele Generationen vor uns sich haben tragen lassen. Vielleicht ist es ja gut, auch heute darauf zurückzukommen, danach zu fragen: Auch das will der Konfirmandenunterricht.

Und dann, im Besinnen auf diesen Vers vom Bogen, der eine Brücke sein will zwischen Himmel und Erde: *Gott* hat diesen Bogen, diese Brücke gesetzt. Eine Brücke, die wir nicht bauen, eine Brücke, die gesetzt ist.

Einer, der einmal gesagt hat: Ich will zu euch gehören, und ihr sollt zu mir gehören. Auch ihr Vorkonfirmandinnen und Vorkonfirmanden, die ihr heute mit dem Konfirmandenunterricht beginnt: Jede, jeder von euch ist gemeint. Und wenn das nur dann und wann deutlich wird, dann ist schon viel gewonnen.

Und vielleicht, liebe Eltern, liebe Angehörige, liebe Gemeinde, werdet auch ihr euch daran erinnern, nicht nur wie euer Konfirmandenunterricht war, vielleicht ja anders als heutzutage, sondern auch, was das damals gemeint hat – dieser Bund zwischen dir und Gott dem Herrn: Du bist gemeint, mit seinem Wort, seinem Segen, wir alle miteinander. Das ist der Sinn des Konfirmandenunterrichts, das, was die Kirche trägt, und uns alle.

Durch-blicken
Predigt bei der Konfi-Vorstellung

Michaela Deichl

Liebe Schwestern und Brüder, heute besonders liebe Konfirmandinnen und Konfirmanden, habt ihr, haben Sie manchmal das Gefühl, den Durchblick zu haben? Irgendetwas zu durchschauen, was vorher nicht ganz klar gewesen ist, nicht ganz greifbar oder nicht ganz verständlich? Wer den Durchblick hat, der blickt sozusagen durch etwas hindurch. Man kann durch Zweige hindurch auf eine Landschaft blicken oder durch ein Fenster in ein Zimmer. Wir können aber auch durchblicken im Sinne von etwas verstehen, etwas begreifen. In der Schule zum Beispiel oder bei einem Vortrag.

In Bezug auf die Konfi-Zeit ist der Plan, dass ihr den Durchblick bekommt in Bezug auf Gottesdienste, biblische Gedanken und Geschichten und unsere Gemeinde. Vor allem aber den Durchblick in Sachen Glauben. Wir werden genauer hinschauen. Wir werden uns mit dem beschäftigen, was Glauben ausmacht, wie andere Menschen den Glauben leben, was wir von ihnen lernen können. Und wir werden natürlich auch überlegen, was Glaube für euch bedeuten kann.

Zumindest jetzt im Moment. Weil Glaube nicht immer gleich ist. Darum wird sich der Durchblick auch immer wieder verändern. Manches ist plötzlich klar, dafür tauchen an anderer Stelle Fragen auf. Aber es gibt sicher immer wieder Momente, in denen ihr sagen werdet: Wow – jetzt habe ich den Durchblick, wie das funktioniert. Oder: Jetzt habe ich den Durchblick, was für mich gerade wichtig ist.

Konfi-Zeit, aber auch der Weg mit Gott überhaupt, hat etwas mit Neugier zu tun. Mit dem Wunsch, den Durchblick zu bekommen. Durch das, was auf der Hand liegt und an der Oberfläche ist, hindurchzuschauen, auf das, was dahinter liegt. So sehe ich das nämlich mit dem Glauben. Wir sehen vieles an der Oberfläche. Aber Bedeutung bekommt es oft erst, wenn wir genauer hinschauen. Wenn wir auf das schauen, was dahinter liegt. Wenn wir auf den schauen, der hinter allem steht. Auf Gott. Wenn wir in dieser Hinsicht durchblicken, dann können wir lernen, die Dinge anders zu sehen und anders zu verstehen.

Sich mit Gott befassen bedeutet, zu versuchen, hinter die Dinge zu schauen, durch sie hindurchzublicken. Wenn wir nach Gott schauen, dann können wir auch das entdecken, was er in seiner Botschaft an uns durchblicken lässt. Dinge, die eine Grundlage für unser Leben sein können. Z. B., dass Gott uns Menschen liebt, so wie wir sind. Oder dass Vergebung wichtig ist und Gemeinschaft und dass es immer einen Grund gibt zu hoffen.

Das sind im ersten Moment einfach Sätze. Um den Durchblick zu bekommen, müssen wir uns damit beschäftigen. Tiefer schauen, um zu begreifen, warum sie für unser Leben wichtig sein können. Auf dem Weg dahin seid ihr und sind wir alle nicht allein. Denn Gott ist da. Und er hat schon den Durchblick.

In der Bibel gibt es einen schönen Vers, der heißt: »Ein Mensch sieht, was vor Augen ist. Gott aber sieht das Herz an.« Er sieht, was wir brauchen. Er schaut tiefer. Er schaut in unsere Herzen und Gedanken. Nicht um darin herumzuwühlen oder irgendwelche Urteile zu fällen. Er schaut, was wir brauchen und was für uns wichtig ist.

Ich habe die Erfahrung gemacht, dass ich eine innere Offenheit brauche, um zu sehen, was Gott mir zeigen will. Manchmal sind es ganz kleine Hinweise, manchmal brauche ich auch einen Wink mit dem Zaunpfahl. Er zeigt uns auf seine eigene Weise, was für uns wichtig ist, und er lädt uns ein, unsere Wege zu begleiten. Euch Konfirmandinnen und Konfirmanden und uns alle hier in der Gemeinde. Das wünsche ich uns allen und euch besonders für die Konfi-Zeit.
In diesem Sinne möchte ich mich mit euch Konfirmandinnen und Konfirmanden auf den Weg machen und mit allen, die schon unterwegs sind, auf diesem Weg bleiben.

Stadt, Land, Fisch
Begrüßungsgottesdienst

Christoph Kock

In diesem Gottesdienst werden die Konfirmandinnen und Konfirmanden in der Gemeinde namentlich begrüßt. Beteiligt sind Jugendleiter, Presbyterin und Pfarrer. Vorbereitet ist ein Fisch aus Sperrholz, ca. 1,80 m x 1,20 m. Darauf sind zwei Stahlbänder gespannt, woran die Konfis eine Karte mit ihrem Namen heften. Der dergestalt personalisierte Fisch hängt dann bis zur Konfirmation in der Kirche. So ist die KonfirmandInnen-Gruppe der Gemeinde bei jedem Gottesdienst vor Augen.
Als Geschenk gibt es eine BasisBibel und einen Karabiner in Form eines Fisches.

Orgelvorspiel

Begrüßung und Votum

Jugendleiter:
Herzlich willkommen zum Gottesdienst in der Friedenskirche! Ihr, liebe Konfirmandinnen und Konfirmanden, steht heute im Mittelpunkt. Eure Konfirmandenzeit hat begonnen. Mit Corona-Auflagen. Aber immerhin mit einem Treffen im Gemeindezentrum, nicht am PC.

Votum

Psalm 36 im Wechsel (EG RWL 718)

Gebet
Jugendleiter:
Gott,
ein besonderes Schuljahr geht zu Ende.
Die Schule über Wochen geschlossen.

Dann Wechselunterricht, mal zu Hause, mal in der Schule.
Viel Zeit vor dem PC oder Laptop.
Jetzt geht wieder mehr Begegnung. Endlich.
Wer hätte gedacht,
wie viele die Schule vermisst haben.

Pfarrer:
Gott,
viele haben gemerkt, wie wichtig ist,
was bis zum letzten Jahr selbstverständlich war:
der Kontakt zu anderen Menschen.
Freunde treffen.
Zusammen trainieren und spielen.
Das kann auch das neuste Smartphone nicht ersetzen.

Jugendleiter:
Gott,
an neue Regeln haben wir uns gewöhnt.
Maske immer dabei.
Überall auf Abstand.
Die Pandemie ist noch nicht vorbei.
Das ist nach wie vor anstrengend.

Pfarrer:
Gott,
komm du zu uns,
über allen Abstand hinweg.
Öffne unsere Augen dafür, was uns verbindet.
Mit anderen.
Und mit dir.
Öffne unsere Ohren für dein Wort.

Lied: Wenn Glaube bei uns einzieht (#lautstärke 95)

Impuls

Wer gehört dazu, wer nicht? Wer ist willkommen, wer muss draußen bleiben? Das überlegen Menschen oft. Was Grenzen angeht, sind sie seit jeher Spezialisten. Kein Wunder, dass sie auch in Glaubensdingen

Grenzen ziehen. Wenn Gott für uns ist, dann ist Gott gegen andere. Wirklich? Diese Frage ist der Bibel eine Geschichte wert. Sie erzählt von Jona, einem Propheten wider Willen:

Jona bekommt von Gott einen Auftrag: »Geh in die große Stadt Ninive! Die Menschen dort sind so böse. Ich kann nicht länger zusehen.« Jona macht sich auf den Weg, aber nicht nach Ninive. Er haut ab, schlägt die Gegenrichtung ein. Geht ans Meer, kauft sich ein Ticket, will weg. Gott schickt einen Sturm. Das Schiff ist in Gefahr. Alles geht drunter und drüber. Angst geht um an Bord. Jeder soll zu seinem Gott um Rettung beten. Die Seeleute überlegen, ob jemand schuld sein könnte am drohenden Untergang. Jona gibt zu, dass er vor Gott auf der Flucht ist. »Werft mich ins Meer, dann ist Ruhe.« Den Seeleuten bleibt nichts anderes übrig, als das zu tun. Sie werfen Jona ins Meer. Dann ist Ruhe. Gott schickt einen großen Fisch, der Jona verschluckt. Drei Tage und drei Nächte ist Jona im Bauch des Fisches. Jona betet zu Gott. Dann spuckt der Fisch Jona an Land.

Lesung Jona 3 (BasisBibel)

Die angedrohte Strafe bleibt aus. Ninive ist gerettet. Jona voller Zorn. Zu Gott sagt er: »Wusste ich es doch. Genau deshalb bin ich abgehauen. Wusste ich es doch: Du, Gott, bist gnädig, barmherzig, langmütig und von großer Güte. Ach Gott, am liebsten wäre ich jetzt tot.«
Jona ärgert sich, dass die ankündigte Strafe für Ninive ausbleibt. Gott versucht, seinen Propheten davon zu überzeugen, dass es doch auf die Menschen in der Stadt ankommt. Darauf, dass sie umgekehrt sind. Aufgehört haben, Böses zu tun. Gott liegen diese Menschen am Herzen, und Gott wirbt bei Jona für diese Sichtweise. Ob Gott damit Erfolg hat, bleibt am Schluss offen.

Liebe Konfis, liebe Eltern, liebe Gemeinde, Ninive war die Hauptstadt eines Großreichs im Mittleren Osten. Militärisch erfolgreich. Als das Buch Jona entstand, war das längst Geschichte. Aber immer noch klang bei dem Namen Ninive mit: eine fremde Macht, die Israel besiegt hat, eine fremde Macht mit fremden Göttern. Ninive – das waren, das sind die anderen. Nicht wir.
Historisch ist das alles nicht, was erzählt wird. Spätestens als der Fisch

seinen Einsatz hat, ist das klar. Worum es geht: dass die Menschen überall Gott am Herzen liegen. Was sie glauben, ist gar nicht entscheidend. Was sie tun, macht Gott Sorgen. Gott freut sich, wenn sie aufhören, Böses zu tun, und stattdessen Gutes tun. Ob ungläubig, ob fremd, ob feind – das tritt in den Hintergrund. Worauf es ankommt: Es gibt nichts Gutes, außer man tut es. So einfach ist das und so schwer. Vor allem für einen wie Jona, der Gott so genau kennt.
Gott ist gnädig, barmherzig, langmütig und von großer Güte. Gottes Güte reicht, soweit der Himmel ist, und Gottes Wahrheit, soweit die Wolken gehen. Weit über den Horizont hinaus, bis zu dem Menschen blicken können.

Lied: Ich lobe meinen Gott, der aus der Tiefe mich holt (EG RWL 673)

Begrüßung der Konfirmandengruppe

Liebe Konfis, gerade habt ihr die Bibel in Aktion erlebt. Eine alte Geschichte, sogar mit märchenhaften Zügen, die sich aktuellen Fragen stellt. Sie hält Menschen auf der Suche nach Gott den Spiegel vor. Die Bibel wird zu unserer Konfi-Zeit dazu gehören. Ihr bekommt heute die BasisBibel geschenkt. Eine neue Übersetzung, die erst jetzt vollständig ist.
Ihr seht einen großen Fisch, den unser Küster gestaltet hat. In der Jona-Geschichte steht er für das, was Gott alles in Bewegung setzt, damit ein widerwilliger Prophet erfährt, wie weit Gottes Güte reicht. Drei Tage und drei Nächte war Jona im Bauch des Fisches, so wird erzählt. Später, als Jesu Grab leer ist, wird man sich daran erinnern.
Vielleicht ist der Fisch auch deshalb zum Zeichen der ersten Christinnen und Christen geworden. Als sie verfolgt wurden, gaben sie sich damit einander zu erkennen. Die Anfangsbuchstaben des griechischen Wortes für Fisch, Ichthys, ergeben das Bekenntnis: »Jesus Christus ist Gottes Sohn, der Retter.«
Ihr bekommt heute mit der Bibel diesen Karabiner in Fisch-Form. Das alte Zeichen der Christinnen und Christen. Am Beginn eurer Konfi-Zeit. Jugendleiter N. N. und ich freuen uns auf die gemeinsame Zeit.
Wer von euch dabei ist? Ich lese jetzt die Namen von euch Konfis vor. Wer genannt wird, kommt bitte zum Altar, nimmt sein Namensschild und eine Wäscheklammer, hängt sein Schild in den Fisch und nimmt auf dem Rückweg die Bibel und den Karabiner mit.

Glaubensbekenntnis: EG RWL 816

Lied: Wo Menschen sich vergessen (WortLaute 90)

Fürbitten

Du Quelle des Lebens, du Heimat auf dem Weg, du Wort, das den Hunger stillt, du unser Gott!

Deine Liebe überwindet Gräben, wo Menschen versagen. Dir legen wir Menschen ans Herz, die Schuld drückt.

Deine Liebe reicht weiter als unser Horizont. Dir legen wir Menschen ans Herz, die um einen Angehörigen trauern.

Deine Liebe verbindet, wo Wege auseinandergehen. Dir legen wir Menschen ans Herz, die vergessen, wer sie sind, immer stärker in einer Gegenwart leben, die sie kaum noch teilen können.

Deine Liebe schützt die Würde derer, die sie zu verlieren drohen. Dir legen wir Menschen ans Herz, die arm sind und mit weniger als andere zurechtkommen müssen. Die wegen ihrer Hautfarbe oder Herkunft benachteiligt werden.

Gott, komm du zu uns. Erfülle die Welt mit deinem Segen. Damit auch wir zum Segen werden können. Mit Blick für das, was verbindet. Mit Mut, Verantwortung zu übernehmen. Mit Einsicht in unsere Grenzen.

Gott, komm du zu uns. Hilf uns, den Herausforderungen der Pandemie gemeinsam zu begegnen. Mit Geduld. Mit Ausdauer. Mit Vertrauen, dass unsere Zukunft in deinen Händen liegt.

Vaterunser

Lied: Lass uns deine Nähe spür'n (#lautstärke 124)

Segen

Gottesdienste von und für Konfirmandengruppen

Was macht uns einzigartig?
Dialogpredigt zu Ps 139,14

Francesco Cattani und Isabella Schmidt-Akala

Der Dialogpredigt voraus ging eine digitale Umfrage via Mentimeter in der Gemeinde. Die Frage, zu der die Anwesenden via Smartphone eine Antwort abgeben konnte, lautete: »Was macht Menschen einzigartig?« Außerdem stellten die Jugendlichen vorher einzigartige Persönlichkeiten vor, die sie beeindruckt haben: Mahatma Ghandi und Marie Curie.

Predigerin:
Tja, liebe Konfirmandinnen und Konfirmanden, ihr habt die Messlatte ja ganz schön weit oben angesetzt! Mit Marie Curie und Mahatma Ghandi habt ihr zwei spezielle und herausragende Menschen vorgestellt. Auf unterschiedliche Art und Weise haben beide in ihrem Leben Außergewöhnliches geleistet. Da stellt sich doch gleich die Frage: Ist es eine realistische Annahme, dass jede und jeder von uns ein ähnlich außergewöhnliches Leben führen wird? Sind wir – seid ihr – dazu berufen, eine zweite Marie Curie oder ein zweiter Mahatma Ghandi zu werden?

Sprecher/in 2:
Ihr seid noch jung, liebe Konfirmandinnen und Konfirmanden. Vor euch liegt noch ganz viel Zeit, und aus euch kann tatsächlich noch ganz Außergewöhnliches werden. Wir beide, Pfarrer Cattani und ich, stehen schon an einem anderen Punkt im Leben. Ob wir noch so berühmt oder erfolgreich, wie die beiden genannten Persönlichkeiten werden, ist fraglich. Unmöglich ist es natürlich nicht, aber doch eher unwahrscheinlich. Bedeutet das denn nun, dass wir nicht einzigartig und einmalig sind? Sind wir gerade mal durchschnittlich, weil wir ganz normale und gewöhnliche Leben führen?

Predigerin:
Vielleicht ist da ganz viel, was einen einzigartig und einmalig machen kann. Marie Curie und Mahatma Ghandi waren einmalig, weil sie zu Lebzeiten etwas Besonderes geleistet haben. Bei der Umfrage zu Beginn

des Gottesdienstes wurden aber noch ganz andere Aspekte genannt, die Menschen einmalig machen. *(Einige Antworten der Umfrage nennen)*

Sprecher/in 2:
Stimmt! Ich habe zu Hause das Wort »einmalig« im Duden nachgeschlagen. Dort steht: nur ein einziges Mal vorkommend. Jeden Menschen gibt es nur ein einziges Mal. So gesehen würde das dann jeden Menschen einzigartig machen. Moment – das würde dann ja bedeuten, dass wir, die wir ganz normal sind und nicht herausragend, auch einzigartig sind. Normal sein ist dann also doch wieder einzigartig.

Predigerin:
Das gefällt mir! Normal sein als Einzigartigkeit! Gerade in diesen Tagen, in denen man von Superstars und Spitzensportlerinnen liest oder von Influencern und Trendsetterinnen hört. Alle wollen sie speziell und außergewöhnlich sein, anders als die anderen, und so ein Stück Aufmerksamkeit erhaschen. Und doch wissen die meisten: Nicht alle werden je so berühmt oder erfolgreich sein. Nicht alle können tausende Follower haben auf Social-Media-Kanälen. Und nicht alle werden Millionen machen mit einer genialen Geschäftsidee. Die meisten werden relativ normal bleiben. Und trotzdem sind wir in dieser Normalität irgendwie außergewöhnlich.

Sprecher/in 2:
Genau – weil es den eigenen Charakter oder das eigene Leben so nicht noch einmal gibt. Egal, ob es sich dabei um ein ganz gewöhnliches Leben handelt oder nicht. Niemand macht dieselben Erfahrungen wie ich oder du – oder wie Sie alle, die heute hier sind. Niemand fühlt genauso wie jemand anderes. Und niemand hat dieselbe Lebensgeschichte wie eine andere Person. Mit all unseren Hochs und Tiefs, mit den schönen wie auch den schwierigen Charakterzügen, sind wir einmalig. Da herrscht also ganz viel Vielfalt in unserer normalen Einmaligkeit!

Predigerin:
Was mir an diesem Gedanken einer normalen Einmaligkeit gefällt: Da muss niemand Außergewöhnliches leisten, um einmalig zu sein. Wird Einmaligkeit für gewöhnlich nicht als eine Leistung erachtet? Menschen, die etwas Außergewöhnliches tun oder ein außergewöhnliches Talent haben, werden als einmalig beschrieben. Wenn aber jede und

jeder einmalig ist aufgrund des eigenen Wesens, der eigenen Persönlichkeit oder des eigenen Lebenswegs, dann hat das nichts mit Leistung zu tun. Jede und jeder ist einmalig, einfach weil es ihn oder sie so und nicht anders gibt.

Sprecher/in 2:
Ein schöner Gedanke: Man muss nichts leisten, um einmalig zu sein. Sondern einfach man selbst sein. Aber ich weiß nicht, wie es dir damit geht, im Alltag fühlt es sich manchmal nicht so an. Im Alltag merke ich nicht viel von meiner Einmaligkeit und habe manchmal das Gefühl, dass vieles an mir nicht besonders gut ist. Und manchmal denke ich auch: Ich sollte doch mehr zustande bringen, mehr Erfolg haben – eben halt mehr leisten.

Predigerin:
Natürlich kenne ich das nur zu gut. Auch ich fühle mich nicht immer speziell und einmalig. Da schaust du in den Spiegel und entdeckst da und dort verschiedene Makel. Oder bei der Arbeit gelingt mir nicht alles so, wie ich es mir vorgenommen habe oder wie es von mir erwartet wird. Da sind ganz oft ganz viele Zweifel und Unsicherheiten in meinem Leben. Und von Einmaligkeit fehlt dann plötzlich jede Spur. Da hilft mir dann mein Glaube. Ich denke dann daran, dass gerade in der Bibel immer wieder ganz normale Menschen vorkommen. Menschen, die alles andere als perfekt sind und die Ecken und Kanten haben. Dass Gott gerade mit diesen ›Normalos‹ unterwegs ist, das ist mir dann ein Trost.
Und dass das Menschsein allein schon einmalig macht, kommt im Psalm 139 eindrücklich zum Ausdruck. Dort heißt es in Vers 14: »Ich preise dich, Gott, dass ich so herrlich, so wunderbar geschaffen bin; wunderbar sind deine Werke, meine Seele weiß dies wohl.«

Sprecher/in 2:
Das bedeutet, wir sind wunderbar und herrlich, weil wir von Gott ins Leben gerufen worden sind. Unabhängig von Erfolg und Leistung ist Menschsein schon genug, um einmalig zu sein. Dieser Gedanke kann vielleicht auch euch Mut machen, liebe Konfirmandinnen und Konfirmanden. Mehr und mehr werdet ihr nun euren eigenen Weg gehen durchs Leben, werdet irgendwann von zu Hause ausziehen und beruflich auf eigenen Beinen stehen. Ihr werdet Entscheidungen treffen müssen. Herausfinden, was euch zusagt und was nicht. Mit Widerstän-

den umgehen müssen. Ihr werdet Erfolg haben und auch den einen oder anderen Rückschlag einstecken müssen. Aber vielleicht kommt euch gerade in den Momenten, in denen ihr euch nicht besonders groß oder wichtig fühlt, eure Konfirmation in den Sinn. Und der Zuspruch aus dem Psalm 139, der auch euch gilt: »Ich preise dich, Gott, dass ich so herrlich, so wunderbar geschaffen bin; wunderbar sind deine Werke, meine Seele weiß dies wohl.«

Predigerin:
Mit dem Konfijahr endet auch die Zeit des kirchlichen Unterrichts, die für die meisten von euch in der zweiten Primarschulklasse begonnen hat. Es war nie die Absicht dieses Unterrichts, euch zu sagen, was ihr zu glauben habt. Vielmehr ging es darum, dass ihr euch selbst Gedanken zum Glauben machen konntet, um herauszufinden, was für euch glaubwürdig ist. In unserer Reformierten Kirche gibt es deshalb eine große Vielfalt an Glaubensüberzeugungen. Man kann fast schon sagen: Der Glaube von jedem und jeder ist anders und einzigartig, also einmalig. Das macht unsere Kirche farbig und schillernd. Diese Vielfalt zeigte sich übrigens auch in den letzten Wochen: Da gingen viele Christinnen und Christen am Frauenstreiktag oder auch an der Pride auf die Straße, um für Gerechtigkeit und Toleranz einzustehen. Und sie zeigten dadurch, wie vielfältig und bunt die Gemeinschaft der Christinnen und Christen ist. Auch in unserer Kirche also ganz viel Einmaligkeit unter ganz normalen, gläubigen Menschen.

Sprecher/in 2:
Dass da Christinnen und Christen am Frauenstreiktag und bei der Pride Parade Farbe bekannt haben, das gefällt natürlich nicht allen und löst Kritik und Widerspruch aus. Aber auch das gehört zum Einmalig-Sein dazu: es zu wagen, gegen den Strom zu schwimmen und für eine eigene Meinung und eigene Werte einzustehen. Das ist vielleicht nicht immer einfach, aber wichtig.

Predigerin:
Man selbst sein braucht Kraft und Mut. Beides kommt im Segen zum Ausdruck, den ihr Konfirmandinnen und Konfirmanden gleich empfangen werdet. Ein Segen, der nicht verspricht, dass es immer gut und einfach wird im Leben. Aber er verspricht, dass Gott euch begleitet auf eurem Weg durch euer – ganz einmaliges – Leben.

Das letzte Abendmahl
Gottesdienst zum Gründonnerstag

Emilia Handke

Eingangsmusik (Orgel)
Votum und Begrüßung

Hinführung
Liebe Konfis, erinnert ihr euch noch an das ungesäuerte Brot – die Mazzen –, die wir im Februar im Dunkeln auf der Orgelempore gegessen haben? Es war jenes Brot, das die Juden in jeder ersten Nacht des Passafestes essen, um des Auszugs ihres Volkes aus der Gefangenschaft in Ägypten zu gedenken. In jedem Jahr geht es für sie darum, sich in ein Geschehen hineinzuversetzen, das Jahrtausende zurückliegt. So wie damals werden auch heute immer noch ungesäuerte Brote gegessen, weil den Israeliten bei ihrem Aufbruch aus Ägypten in den frühen Morgenstunden ganz einfach die Zeit fehlte, um den Brotteig noch zu säuern.
So ein geheimnisvolles Ritual haben wir Christen auch: Indem wir miteinander Abendmahl feiern, erinnern wir uns an jenen letzten Abend, an dem Jesus mit seinen Jüngern zusammenkam, bevor er getötet wurde. Jener letzte Abend ist heute.
Lasst uns gemeinsam um den Heiligen Geist bitten, dass er diesen Gottesdienst begleiten möge, so dass wir Gott und einander nahekommen in dieser Stunde.

Lied: Komm, Heil'ger Geist, mit deiner Kraft (EGplus 34)

Psalm 23

In der Stille halten wir Gott die Täler und Auen unserer eigenen Wanderschaft der letzten Tage und Wochen hin.
Stille (1 Min.)

L: Kyrie eleison.
G: Herr, erbarme dich.
L: Christe eleison.
G: Christe, erbarme dich.
L: Kyrie eleison.
G: Herr, erbarm dich über uns.

Ehre sei Gott in der Höhe ...

Tagesgebet
Jesus Christus,
wir legen unsere Angst ... in dein Vertrauen.
Wir legen unsere Wunden ... in deine heilenden Hände.
Wir legen unsere Scham ... in dein Verstehen.
Wir legen unsere Schuld ... in dein Erbarmen.
Wir legen unsere Sehnsucht ... in deinen Traum vom Leben.
Wir legen unsere Grenzen ... in deinen Blick voll Liebe.
Wir legen unser Zögern ... in deine Entschlossenheit.
Wir legen unsere Unsicherheit ... in deinen festen Schritt.
Wir legen unsere Masken ... in deine Ehrlichkeit.
Wir legen unser Dunkel ... in dein Versöhnen.
Wir legen unsere Unruhe ... in deine Stille.
Wir legen unsere Armut ... in deine Fülle.

Jesus, ich lege mein Herz, das sich nach Liebe sehnt,
in dein Herz, das die Liebe ist.
Quelle unbekannt

Lied: Da wohnt ein Sehnen tief in uns
Wo wir dich loben, wachsen neue Lieder, München 2018, 116

Evangelium: Mk 14,12–25
Glaubensbekenntnis
Orgelmeditation

»Das letzte Abendmahl« (Leonardo da Vinci)

Im Rahmen eines Konfi-Tages haben wir uns mit den verschiedenen Jüngern und ihrer Beziehung zu Jesus beschäftigt. Die Texte zu den einzelnen Jüngern sind daraus entstanden und wurden von Gemeindepädagogin und Vikarin leicht umgearbeitet.

Was benötigt wird: großer Tisch, großes weißes Tischtuch, Fladenbrot, Kelche/Gläser, Trauben, Wasser, 13 Stühle, Kleidung in den Farben der Jünger auf dem Bild von Leonardo da Vinci.

Zur Orgelmusik stellen sich alle leise mit dem Rücken zum Tisch auf. Wenn die Orgelmusik verklungen ist, drehen sich alle gemeinsam um und setzen sich an den Tisch. Anschließend brechen sie das Brot, nehmen sich Trauben, trinken Wasser und sprechen möglichst selbstverständlich miteinander. Dann schlägt Jesus seine Unterarme auf den Tisch und ruft »Einer von euch wird mich verraten!«. Judas wirft einen Geldsack auf den Tisch. Alle bleiben im Freeze und summen für etwa zehn Sekunden. Die Personen verharren während der gesamten Predigt in ihrer Position.

Zunächst tritt Person 1 (Konfi oder Gemeindepädagogin) schwarz gekleidet hinter den jeweiligen Jünger. Diese halten das Bild.

Johannes

Das ist Johannes. Fast weinend lässt er den Kopf zur Seite fallen. Er scheint sofort in ein tiefes Loch zu fallen, nachdem er Jesus diese entscheidenden Worte hat sprechen hören. Einer wird Jesus verraten – seinen besten Freund, seinen engsten Vertrauten. Einer wird Jesus – diesen besonderen Menschen, der ihm so viel bedeutet –, einer von ihnen wird ihn verraten. Es ist nicht schwer, sich auszumalen, dass dieser Verrat noch viel schlimmere Folgen haben wird. Ach, er mag gar nicht weiter darüber nachdenken. Am liebsten möchte er nur noch weinen. Aber hier vor allen, das kann er nicht tun. Sie lästern ja sowieso schon über ihn, nur weil Johannes und Jesus eine besonders intensive Freundschaft verbindet. Immer, wenn sie zusammen essen, sitzt er direkt an seiner rechten Seite. Manch andere Jünger finden das dreist und unverschämt, denken, dass sich Johannes für etwas Besseres hält. Manchmal ist Johannes dann ziemlich ängstlich und sucht dann beson-

ders gern Halt bei Jesus. Aber er kann auch anders. Genau wie sein Bruder Jakobus, der ebenfalls mit am Tisch sitzt, kann er seine Stimme erheben, so dass es wie ein Donnergrollen klingt. Deshalb werden sie auch beide die Donnerbrüder genannt. Sein Bruder Jakobus ist aber die einzige Familie, die Johannes noch hat. Er lebt allein und hat sich seinen Lebensunterhalt bisher als Fischer verdient. Als er dann zur Runde der Jünger von Jesus gehören durfte, fand er für sich viel mehr als nur deren Gemeinschaft. Auch in Jesu Familie ist er inzwischen ein willkommener Gast, und Jesus ist sein allerbester Freund.
Und nun sagt er, dass ihn jemand von ihnen verraten wird? Das darf nicht sein. Und wer von ihnen könnte wohl so etwas tun? Das ist doch nicht möglich! Gut, sie sind schon alle sehr unterschiedlich, sie, die zwölf Jünger, die hier gemeinsam mit Jesus am Tisch sitzen, aber so etwas Schwerwiegendes würde doch niemand wirklich tun, oder? *Er* könnte und würde es jedenfalls niemals tun. Niemals würde er seinen besten Freund verraten, koste es, was es wolle. Und doch sagt Jesus, dass es jemand tun wird. Johannes fühlt, wie sich sein Herz allein bei diesem Gedanken zusammenzieht, und die Vorstellung, dass Jesus etwas zustoßen könnte, lässt ihn fast in sich zusammenfallen. Das darf einfach nicht sein. Er würde das niemals zulassen. Er braucht Jesus und den Platz an seiner Seite.

Jetzt tritt Person 2 (Konfi oder Gemeindepädagogin) schwarz gekleidet hinter den jeweiligen Jünger. Diese halten das Bild.

Simon Petrus

Das ist Petrus. Energisch und selbstbewusst lehnt er sich in Jesu Richtung. Fast grimmig sieht er dabei aus. Er ist der Vorzeigejünger. Er ist mutig und stark. Deshalb nennt man ihn auch den Fels. Obwohl ihn diese Stärke und der Mut auch manchmal verlassen. Dann zweifelt er oder überschätzt sich auch gerne mal selbst. Früher hieß er Simon. Er war ein Fischer, gemeinsam mit seinem Bruder Andreas, der auch mit an diesem Tisch sitzt. Damals, als Jesus zu ihm kam, und ihn fragte, mit ihm mitzukommen, da ist er einfach mitgegangen. Er war gerade beim Fischen mit seinem Bruder Andreas, als Jesus ihn ansprach. Irgendwie musste er damals überhaupt nicht lange überlegen, als Jesus ihn bat, einer seiner Jünger zu werden, und ging einfach mit Jesus mit. Petrus spürte, dass es so sein musste. Auch wenn es bedeutete, dass er

seine Frau, seine Kinder und seine Schwiegermutter daheim zurücklassen musste. Da war etwas in Jesu Worten und in seinem Handeln, was ihn gar nicht anders entscheiden lassen konnte. Er musste einfach mitgehen. Aber jetzt, wo sie hier so am Tisch sitzen und Jesus ihnen gerade mitgeteilt hat, dass er sterben wird, da denkt er schon besonders über diese Entscheidung nach. Er wusste bereits vorher, dass sie heute nicht nur gesellig beieinander sein würden. Die Stimmung war schon vor dem Essen merkwürdig. Aber diese Aussage, diese traurige, deprimierende und zugleich erschütternde Aussage, bringt seine Gefühle und Gedanken in Aufruhr. Nun sitzt er hier und ringt mit sich. Einerseits kann er gar nicht glauben, dass es wirklich so weit kommen wird. Haben sie als Jünger da nicht auch ein Wörtchen mitzureden, können sie denn gar nichts tun? Und wenn es aber andererseits wirklich passieren sollte: Jesus wird schon wissen, was sein wird. Also wenn dies wirklich Wahrheit wird, was wird dann aus ihnen?
Er, Petrus, würde solch eine schwerwiegende Tat, einen Verrat an Jesus, diesem so besonderen Menschen –, niemals würde er so etwas tun können. Und sollte es doch so weit kommen, dann würde er sich wehren, würde Jesus beschützen, für ihn in die Bresche springen, wenn es sein muss. Nein. Er wird immer zu Jesus halten, egal was passieren wird.

Jetzt tritt Person 3 (Konfi oder Gemeindepädagogin) schwarz gekleidet hinter den jeweiligen Jünger. Diese halten das Bild.

Judas

Hier sitzt er, Judas. Leicht zu erkennen an seinem Geldbeutel. Das Gesicht hat er fast abgewandt, so dass man nicht wirklich sehen kann, was in ihm vorgeht. Mit der einen Hand hält er seinen Geldbeutel umklammert, die andere wirkt abwehrend. Er Jesus verraten? Niemals. Er scheint zu Johannes zu schauen, zu sehen, wie dieser traurig, fast hoffnungslos den Kopf hängen lässt. Schwer zu deuten ist seine Haltung.
Judas war vielleicht schon immer ein Außenseiter. Schon früh begann er, sich politisch zu engagieren, und schreckte nicht vor gefährlichen und vielleicht auch gewalttätigen Aktionen zurück. Unter den Jüngern schien ihm die Aufgabe, das gemeinsame Geld zu verwalten, am meisten zu gefallen. Das finden nicht alle Jünger gut. Manch einer wirft ihm auch vor, ihr Geld zu veruntreuen. Auf jeden Fall scheint ihm Geld ziemlich viel zu bedeuten. Und nun sitzt er hier, hört, wie Jesus von seiner

bevorstehenden Verhaftung erzählt, und weiß nun gar nicht mehr, was er darüber denken soll. So gerne will er mal auf der Gewinnerseite stehen und hatte doch auch fast immer daran geglaubt, dass er das an Jesus Seite auch tun wird. Aber nun bekommt er doch so seine Zweifel. Wird das Konzept von Jesus nicht sowieso darauf hinauslaufen, dass er getötet wird? Und wird er dann nicht wieder zu den Verlierern gehören? Wenn Jesus verhaftet wird, dann wird er wahrscheinlich auch getötet werden. Was wird dann aus ihnen? Verspotten wird man sie. Mit den Fingern wird man auf sie zeigen und sich lustig darüber machen, dass sie zu Jesus gehört hatten, zu ihm aufgesehen hatten, an ihn geglaubt hatten.

Zunächst tritt Person 4 (Pastorin oder Vikarin) schwarz gekleidet hinter den jeweiligen Jünger. Diese halten das Bild.

Jesus

Und inmitten all dieser Stimmen ER. Die Hände schutzlos vor der Brust geöffnet – man kann ihn treffen, wenn man will: sofort. Ruhig wirkt das und gefasst. Das kann man eigentlich gar nicht glauben angesichts der Ahnung, die er schon lange hat. Man wird ihn töten und man wird seine Freunde bedrängen, dass sie ihn ausliefern. So läuft das immer. Dass Petrus noch nicht weiß, dass auch er einknicken wird, das enttäuscht Jesus nicht: Er weiß, so ist das unter Menschen. Wenn es darauf ankommt, ist die Angst oft so viel größer als der Mut.
Für Jesus gibt es keinen Ausweg. Soll er weglaufen und alles verleugnen, was er bisher gesagt und getan hat? Da würde er sich selbst und auch Gott lächerlich machen. Diesen Weg gibt es nicht. Den Weg, den er sieht, der ist schmal und führt durch eine enge Pforte. Wenn überhaupt, dann kann er nur mit Gebet und Mut ertragen werden.
Nun sieht er sie um sich sitzen, dieses letzte Mal. Noch einmal zusammen essen und trinken – noch einmal im Frieden zusammen sein. Es wird schwer sein für sie, wenn er nicht mehr da ist. Seine Augen suchen etwas, was sie seine Nähe spüren lässt, auch wenn er nicht mehr da ist, was er ihnen hinterlassen kann, was für immer bleibt. Sein Blick fällt auf den Tisch vor ihm: Brot und Wein – das ist es! Das gemeinsame Mahl soll sie zusammenhalten. Es soll sie daran erinnern, dass an seinem Tisch jeder Platz hat. Dass alle kommen dürfen, so wie sie sind. Dass auch die eingeladen sind, die sonst niemand haben will. Das Mahl soll sie daran erinnern, dass sie zusammengehören. Wie Schwestern

und Brüder einer großen Familie – egal, aus welcher Familie sie selbst stammen. Das Mahl soll sie, so wie die Juden am Passafest, daran erinnern, dass Gott auch heute noch rettet und befreit. Und mehr noch: Das Mahl soll der Ort sein, an dem er selber bei ihnen sein wird, sich ihnen mitteilt, ihnen Kraft gibt, alle Tage bis ans Ende der Welt.

Kommt nach vorn und lasst uns Abendmahl feiern in seinem Namen.
(Dazu Lied: Laudate omnes gentes, EG 181.6 mit Orgelbegleitung)

Wenn wir zusammen essen und trinken, dann soll nichts zwischen uns und Gott stehen. Darum lasst uns mit den Worten beten, die Jesus uns geschenkt hat.
Vaterunser

Einsetzungsworte
Friedensgruß

Austeilung mit Orgelmusik
Das Brot des Lebens – Christus für dich.
Der Kelch des Heils – Christus für dich.

Jesus war und Jesus ist das Licht unserer Welt. Er hat uns gesagt, wie wir leben sollen und wollte, dass wir Liebe geben, so wie er Liebe ist. Wir zünden unser Licht an seinem Licht an und geben es weiter.
Alles, was uns jetzt bewegt, legen wir in der Stille dir zu Füßen, Jesus. Ich stelle das Licht auf den Boden, alle anderen dann auch.
(Wir fassen uns an den Händen)
Jesus Christus spricht: Ich bin bei euch und in euch, alle Tage, bis an der Welt Ende. So geht hin im Frieden.

Lied: Von guten Mächten wunderbar geborgen (EG 65,1–2.5)
Abkündigungen
Dank- und Fürbittgebet

Lied: Der Mond ist aufgegangen (EG 482,1–5)
Segen
Musik zum Ausgang

Alle an einem Tisch
Eine Szene zum Gründonnerstag

Frank Howaldt

Requisiten: Ein Tisch und ein Stuhl im Altarraum
Liedauswahl je nach eigener liturgischer Prägung

Musik/Lied
Begrüßung
Gebet

Sprecher/in:
Aber am ersten Tag der Ungesäuerten Brote traten die Jünger zu Jesus und sprachen: Wo willst du, dass wir dir das Passalamm zum Essen bereiten? Er sprach: Geht hin in die Stadt zu einem und sprecht zu ihm: Der Meister lässt dir sagen: Meine Zeit ist nahe; ich will bei dir das Passamahl halten mit meinen Jüngern. Und die Jünger taten, wie ihnen Jesus befohlen hatte, und bereiteten das Passalamm.

Musik
Konfirmanden stellen sich im Halbrund um einen Tisch.

Sprecher/in:
Und am Abend setzte er sich zu Tisch mit den Zwölfen. Und als sie aßen, sprach er: Wahrlich, ich sage euch: Einer unter euch wird mich verraten. Und sie wurden sehr betrübt und fingen an, jeder einzeln zu ihm zu sagen: Herr, bin ich's?

Alle durcheinander:
»Herr, bin ich es?«

Alle gleichzeitig:
Ja, Judas, du bist es!

Der Stuhl am Tisch wird nacheinander von einzelnen angesprochen, die aus der Runde hervortreten:

Weil du vergessen hast, dass Jesus allein auf die Liebe setzt.
Weil du vergessen hast, dass sein Reich nicht auf Macht beruht.
Weil du dachtest, er würde Widerstand leisten, wenn sie ihn ergreifen.
Weil du wolltest, dass er endlich seine Macht beweisen wird. Gottes Macht.
Weil du nicht glauben wolltest, dass Gott leiden kann.
Weil du hofftest, er würde endlich ein Reich der Gerechtigkeit aufrichten.
Weil du sein Freund warst.
Weil es dir um dich ging.

Alle gleichzeitig:
Deshalb bist du es.

Sprecher/in:
Und Jesus teilte das Brot und teilte den Kelch mit allen, die bei ihm waren. Auch mit dem, der ihn verraten hat. Auch mit ihm. Und er sprach: Zur Vergebung!

Musik

Sprecher/in:
Petrus redete aber noch weiter: Auch wenn ich mit dir sterben müsste, werde ich dich nicht verleugnen!

Alle durcheinander:
»Herr, bin ich es?«

Alle gleichzeitig:
Ja, Petrus, du bist es!

Der Stuhl am Tisch wird von einzelnen angesprochen, die aus der Runde hervortreten:
Weil du ihn so sehr geliebt hast und alles für ihn tun wolltest.
Weil er dein bester Freund gewesen ist, den man nicht im Stich lässt.
Weil du ihn doch im Stich gelassen hast.
Weil du dein Leben so sehr geliebt hast.
Weil du Angst bekommen hast.
Weil du aus Angst gelogen hast.
Weil du zu ihm stehen wolltest und deine Kraft nicht reichte.

Weil es dir um dich ging.
Weil du deine Schwäche nicht wahrhaben wolltest.

Alle gleichzeitig:
Deshalb bist du es.

Sprecher/in:
Und Jesus teilte das Brot und teilte den Kelch mit allen, die bei ihm waren. Auch mit dem, der ihn verraten hat. Auch mit ihm. Und er sprach: Zur Vergebung!

Musik/Lied

Eine Person aus der Konfirmandengruppe stellt den Stuhl etwas weiter weg. Deckt eine rote Decke darüber.

Sprecher/in:
Pilatus fragte das Volk: Wen wollt ihr, Barabbas oder Jesus? Währenddessen ließ ihm seine Frau sagen: Lass die Hände von diesem Mann, er ist unschuldig. Da schrien sie alle: Ans Kreuz mit ihm! Pilatus sah ließ Wasser bringen, wusch sich die Hände und sagte: Ich bin unschuldig am Blut dieses Menschen. Das ist eure Sache!

Alle durcheinander:
»Herr, bin ich es?«

Alle gleichzeitig:
Ja, Pilatus, du bist es!

Einzelne treten vor und sprechen den Stuhl an:
Weil du es hättest verhindern können.
Weil du das Recht verraten hast.
Weil du die Menschenrechte missachtet hast.
Weil du das Gesetz umgangen hast.
Weil du vergessen hast, woher du deine Macht hast.
Weil du deine Verantwortung nicht tragen konntest.
Weil es dir nur um deine Ruhe und deinen Vorteil ging.
Weil dir darin unzählige Mächtige gefolgt sind bis heute.

Alle gleichzeitig:
Deshalb bist du es.

Sprecher/in:
Ich sage euch: Ich werde von nun an nicht mehr von diesem Gewächs des Weinstocks trinken bis an den Tag, an dem ich aufs Neue davon trinken werde mit euch in meines Vaters Reich. Und als sie den Lobgesang gesungen hatten, gingen sie hinaus an den Ölberg.

Lied zum Abendmahl
Konfirmanden decken den Tisch
Es schließt sich eine Mahlfeier nach ortsüblicher Liturgie an.

Be kind
Wie Jesus einem Ausgestoßenen begegnet

Berthold W. Haerter und Antonia Lüthy Haerter

Dieser Online-Gottesdienst der Konfirmandinnen und Konfirmanden entstand während einer Zeit, als Gottesdienste nur online stattfinden durften. Wir haben in online-Konfistunden das Thema gesucht, Aufgaben verteilt und in Kleingruppen die Ergebnisse diskutiert. Mit einem Filmteam aus dem Dorf wurden die einzelnen Gruppen an einem Abend in der Kirche aufgenommen und die einzelnen Szenen zusammengeschnitten. Der Gottesdienst ist unter https://www.ref-oberrieden.ch/rueckblicke/online-gottesdienste/ Gottesdienst 24. Januar 2021 zu finden.

Eingangsspiel

Begrüßung

Sprecher/in 1:
Herzlich willkommen zum heutigen Gottesdienst!
Heute beschäftigen wir uns mit dem Thema »Be kind«.
»Kind« bedeutet auf Deutsch so viel wie freundlich, nett, liebevoll, gütig.
»Be kind« heißt also:

Sprecher/in 2:
Sei, seid freundlich!
Sei, seid liebevoll!
Sei, seid nett!

Sprecher/in 1:
Wie zu fast allem gibt es natürlich auch zu diesem Thema ein Zitat aus der Bibel, dazu noch ein sehr wichtiges von Jesus: Liebe deinen Nächsten so wie dich selbst. (Mk 12)
Indirekt haben viele der Zehn Gebote natürlich auch damit zu tun, »kind« zu sein, auch dass man nicht stehlen und nicht töten soll etc.

Sprecher/in 2:
Denn wenn wir wollen, dass andere uns gegenüber freundlich sind, dann muss man ihnen auch entgegenkommen: Freundlichkeit beruht auf Gegenseitigkeit.
Christen nennen das auch die Goldene Regel: »Behandle andere so, wie du von ihnen behandelt werden willst.«

Eingangsgebet

Sprecher/in 3:
Ich lade Sie zum Gebet ein:
Unser Gott,
danke, dass du uns unterstützt,
wenn wir uns vornehmen,
was folgender Satz sagt:

Sprecher/in 4:
Redet mit jedem Menschen freundlich.
Alles was ihr sagt, soll gut und hilfreich sein.
Bemüht euch darum,
für jeden die richtigen Worte zu finden.

Sprecher/in 5:
Danke, Gott, dass du uns hilfst,
dies zu leben.

Lied: Wo Menschen sich vergessen
Kommt und singt, Gütersloh 2015, 506

Fragen zum Thema »Be kind«

Sprecher/in 5:
Gern möchten wir Ihnen ein paar Fragen stellen.
Nach jeder Frage geben wir Ihnen etwas Zeit, darüber nachzudenken.

Sprecher/in 6:
Was heißt für Sie freundlich?

Sprecher/in 7:
Wie haben Sie Unfreundlichkeit erlebt?

Sprecher/in 6:
Was muss ein Mensch machen, dass er auf sie liebevoll wirkt?

Sprecher/in 7:
Wann würden Sie sagen, »dieser Mensch ist nun wirklich nett«?

Sprecher/in 5:
Brauchen wir die Aufforderung: »Behandelt Menschen mit Freundlichkeit?«

Einige Takte Musik

Impuls: Warum sollte man freundlich sein? Gedanken eines Konfirmanden
Freundlich ist es, jemandem aus der 3. Klasse ein bisschen von seinem Pausenbrot zu geben, einem Fremden beim Vorbeigehen »Guten Tag« zu sagen oder einer Person, die dir unbedingt etwas erzählen will, Aufmerksamkeit zu schenken. Freundlichkeit ist, wenn man jemandem ein kleines bisschen Liebe erweist, ohne dabei eigennützige Ziele zu verfolgen. Aber nun stelle ich mir als ein eher egozentrischer Mensch die Frage, warum man denn jetzt der netten Dame überhaupt helfen sollte, die Tasche bis zu ihrem Auto zu tragen, ich krieg ja davon nichts. Nun, das ist nicht so einfach zu beantworten, denn für jeden Menschen, der sich noch nicht in so einem kalten herzlosen Zustand befindet wie ich, ist es klar, dass man das macht, weil man Mitgefühl hegt.
Trotzdem bitte ich dich, wenn du ähnlich denkst wie ich, mal alles aus einer neuen Perspektive zu betrachten: Unsere Zeit auf dieser Welt ist limitiert und ich weiß ja nicht, wie es euch so geht, aber ich will sie nutzen. Ich möchte erfahren, was es bedeutet zu leben. Solange wir noch fühlen, sollen wir dies auch tun. Und dies bedeutet, dass du nun diesen einen Moment der Freundlichkeit und Liebe zum Mitmenschen mit der netten Dame teilen kannst und ihr hilfst, ihre Tasche zu tragen.

Lied: Aus vielen Körnern gibt es Brot (rise up 0431–2)

Szenische Lesung: Wie Jesus einem von der Gesellschaft Ausgestoßenen mit Freundlichkeit begegnet (Lukas 19,1–10)

Erzähler/in:
Hören Sie die Geschichte, wie Jesus einem von der Gesellschaft Ausgestoßenen mit Freundlichkeit begegnete:
Jesus kam auf seiner Reise durch die Stadt Jericho.
Da wohnte ein Typ, der Zachäus hieß.
Er war einer von den obersten Steuereintreibern und hatte durch seinen Job sehr viel Kohle verdient und viele Leute dabei betrogen.
Niemand mochte ihn.
Zachäus war ziemlich klein.
Er wollte Jesus unbedingt auch mal sehen.
Aber es standen immer irgendwelche Leute davor, die ihm die Sicht versperrten.
Da dachte sich Zachäus:

Zachäus:
Ich suche mir einen Baum.
Auf den klettere ich.
Dann habe ich von da eine bessere Sicht und sehe Jesus.

Erzähler/in:
Als Jesus an dem Baum vorbeikam, auf den Zachäus geklettert war, sah er ihn da oben sitzen.
Er rief ihm zu:

Jesus:
Hey, Zachäus, jetzt komm mal da runter!
Ich würde mich heute gern bei dir zum Essen einladen!

Erzähler/in:
Zachäus kletterte, was das Zeug hielt, eilig von dem Baum runter und ging total aufgeregt mit Jesus zu sich nach Hause.
Die Leute, die das mitbekommen hatten, waren schon wieder am Lästern.
»Er will bei so einem Dreckskerl zu Gast sein, obwohl der offensichtlich nicht so lebt, wie Gott das will!« motzten sie.
Zachäus aber stellte sich vor Jesus hin und meinte zu ihm:

Zachäus:
Jesus, ich werde sofort die Hälfte von meinem Barvermögen an Obdachlose und Sozialhilfeempfänger verteilen.
Und wenn ich jemanden in Steuerangelegenheiten betrogen hab, dann geb ich es ihm in der vierfachen Höhe wieder!

Erzähler/in:
Jesus lächelte ihn an und sagte:

Jesus:
Heute ist der wichtigste Tag für dich und für deine Familie!
Weißt du, warum?
Weil Gott dich heute mit in seine Familie aufgenommen hat!
Das genau ist meine Aufgabe.
Der Auserwählte, der Menschensohn, ist gekommen, um die Menschen wieder zurück zu Gott zu holen, die aufgegeben wurden oder die sich verirrt haben.

Eigenkomposition einer Konfirmandin

Dialogpredigt

Sprecher/in 1:
Ich überlege gerade: Wie sind wir eigentlich auf das Thema »Be kind« gekommen?

Sprecher/in 2:
Genau weiß ich es auch nicht mehr. Unser erstes Konfimeeting am Computer war lustig. Wir suchten nach einem Thema für den Gottesdienst. Da nannte jemand »Freundlichkeit« und eine andere Konfirmandin nannte das Lied von Harry Styles »Treat People with Kindness«, also »Behandle die Menschen mit Freundlichkeit.« Daraus entwickelten wir die Aufforderung »Be kind« oder »Sei(d) freundlich«.

Sprecher/in 1:
Stimmt. Und dann kamen wir auf die Geschichte mit Jesus und dem Oberzöllner Zachäus. Ein echt gutes Beispiel. Sie zeigt einen menschenfreundlichen Gott bzw. Jesus. Und dass man mit »liebevoller Freundlichkeit« Menschen verändern kann.

Sprecher/in 2:
Stopp, stopp! Das ging jetzt zu schnell. Und übrigens: Ich habe im Bibeltext nirgends die Worte »liebevolle Freundlichkeit« gehört.

Sprecher/in 1:
Aber Jesus ist liebevoll freundlich zu Zachäus. Denn sonst hätte dieser nicht solche Freude, ja solche Begeisterung. Eilig klettert Zachäus vom Baum herunter, auf den er gestiegen ist, weil die Leute ihm keine Chance gegeben haben, Jesus vom Straßenrand aus zu sehen. Zachäus freut sich riesig, dass Jesus und seine Freunde ihn besuchen wollen.

Sprecher/in 2:
Und wenn man genau hinhört, sucht Zachäus ja diese Freundlichkeit. Er hat sich als Kollaborateur bei den Römern beliebt gemacht und mit der Zollstation hat er den Leuten mehr Geld abgenommen als nötig. Er ist korrupt. Nun hat Zachäus zwar einen Haufen Geld und kann sich Anerkennung kaufen, aber viele verachten ihn noch mehr. Denn er ist auf ihre Kosten reich geworden. Echte Freunde oder eben auch echte »kindness« kann man nicht kaufen.

Sprecher/in 1:
Das erinnert mich an einen Artikel aus der Zeitung. In ihm ging es um die Geschichte der Gemäldesammlung von Emil Georg Bührle. Bührle war durch Waffengeschäfte reich geworden. Im 2. Weltkrieg verkaufte er Waffen an Nazi-Deutschland wie auch an die Alliierten. »Kanonenkönig« und Kriegsgewinnler nannte man Bührle auch. Er sammelte Gemälde, auch Raubkunst und Fluchtgut.
Schon in den 1950er Jahren suchte er sich reinzuwaschen und kämpfte um Anerkennung. Er bezahlte den Erweiterungsbau des Kunsthauses Zürich und gab sich als spendabler Mäzen. Aber seine Geschichte und seine Art Geld zu verdienen, machte ihn immer suspekt.

Sprecher/in 2:
Aber steckt nicht auch in jedem von uns etwas von Zachäus? Wir alle sehnen uns doch nach Aufmerksamkeit und Wertschätzung. Wir leiden, wenn man uns nicht beachtet und vielleicht sogar über uns hinwegsieht. Und wir versuchen einiges, um dazuzugehören und um beliebt zu sein.
Zachäus ist mit seiner Art, »Anerkennung zu gewinnen«, gescheitert. Im Gegenteil, die Leute verachten ihn. Jesus aber schenkt diesem

gescheiterten und verachteten Zachäus genau die freundliche Zuwendung, die er vermisst.
Man muss sich das einmal vorstellen: Jesus läuft von einer begeisterten Menschenmenge umgeben durch die Hauptstraße. Dort, wo der unglückliche Zachäus sich im Baum versteckt, bleibt er stehen und schenkt ihm vor allen ungeteilte Aufmerksamkeit. Er spricht ihn mit seinem Namen an.

Sprecher/in 1:
Spannend ist ja, dass Jesus nichts von Zachäus verlangt. Er muss keine Reue zeigen oder zerknirscht in sich gehen.
Und Zachäus erfährt diese liebevolle Freundlichkeit, weil Jesus ihn als den Menschen wahrnimmt, der er ist: ein Suchender, ein Mensch, der Anerkennung, Liebe und Gemeinschaft braucht. So wie wir wohl alle.

Sprecher/in 2:
Genau. Und das löst eine Veränderung in ihm aus. Aus einem hoffnungslosen Fall der Gesellschaft wird er ein Mensch, der sich in die Gesellschaft einbringt. Zachäus muss sich nicht mehr an das Äußerliche klammern, mit dem er um Anerkennung gekämpft hat. Er kann endlich das leben, was er eigentlich liebt. Er liebt Menschen und Gesellschaft. Er isst und feiert gern mit ihnen, unbeschwert.
Und das ermöglicht Jesus ihm. Weil Zachäus das erlebt, kann er loslassen und zurückgeben, was er zusammengerafft hat.

Sprecher/in 1:
Jesus steht hier für Gott. Und uns wird so gezeigt, wie Gott zu uns ist. Ohne Vorbehalte sagt er Ja zu uns. Er kommt immer wieder liebevoll auf uns zu und will den guten Kern in uns freilegen, den wir so schnell mit Äußerlichkeiten überdecken.

Sprecher/in 2:
Aber die Geschichte ist auch eine *Aufforderung* an uns: »Be kind«, also »Seid freundlich, liebevoll zu jedem Menschen«.

Sprecher/in 1:
Wie die Konfirmandinnen und Konfirmanden gezeigt haben, hat Gott in jeden von uns die Sehnsucht nach echter Freundschaft und Anerkennung angelegt. Sie muss nur immer wieder geweckt oder hervorgeholt

werden. Und es ist offensichtlich, dass wir immer wieder dazu aufgefordert werden müssen: »Be kind!«

Musik: Bluebird von Alexis French

Fürbitte

Wir beten:
Guter Gott, du siehst unsere Not.
Covid 19 beschäftigt uns und schränkt uns stark ein als Jugendliche wie als Erwachsene.
Wir bitten dich, dass wir diese Pandemie bald hinter uns lassen können.
Wir bitten dich für die Kranken und Sterbenden und für die, die ihnen und uns helfen.

Aber wir wollen heute bewusst auch den Blick auf eine Menschengruppe lenken, die man schnell vergisst.

Guter Gott,
wir bitten dich für Menschen, die kein Dach über dem Kopf haben.
Lass sie Menschen finden und Menschen sie finden,
die freundlich zu ihnen sind,
die ihnen etwas zu essen und zu trinken geben.
Mach es möglich, dass Menschen liebevoll mit ihnen umgehen
und sie ein Obdach finden.
Hilf uns, dass wir nicht arrogant auf sie herabsehen,
sondern ihnen mit Güte begegnen.

Lass uns mit Menschen, die man gern übersieht, Wege suchen,
wie sie einen Sinn in ihrem Leben entdecken
und wir gemeinsam einen Weg finden.

Unser Gott, Covid 19 offenbart viele Probleme in unserer Gesellschaft.
Es macht viele Menschen hilflos.
Lass uns deine Aufforderung hören:
»Be kind!« – Seid liebevoll im Umgang miteinander.
Lass uns dies als Grundregel immer wieder anstreben.

In der Stille kommen wir mit unseren persönlichen Bitten und Gebeten zu dir:
(Pause)
Gemeinsam beten wir: Unser Vater im Himmel

Segen

Von guten Mächten wunderbar geborgen
erwarten wir getrost was kommen mag.
Gott ist bei uns am Abend und am Morgen
und ganz gewiss an jedem neuen Tag.

Lied: Herr, wir bitten: Komm und segne uns (EG Baden 610)

Wir sind Gottes Ebenbilder
Gottesdienst mit Baumpflanzung

Rolf Heinrich

Vorne in der Kirche hängt ein von der Gruppe gemalter Baum mit Fotos (Köpfe der Jugendlichen als Blätter und Wurzeln), daran geschrieben: Freunde, Familie, Glaube, Hoffnung, Liebe, Vertrauen.

Begrüßung und Einstimmung

Gott, sei bei uns wie ein Freund, mit dem ich reden kann,
wie eine Mutter, die ihre Kinder tröstet,
wie ein Vater, der sich um seine Kinder kümmert.

Gott, sei bei uns in diesem Gottesdienst
wie eine Sonne, die uns wärmt,
wie ein Fels, auf dem ich stehen kann,
wie die Luft, die wir zum Atmen brauchen.

So sei du Gott bei uns in diesem Gottesdienst.

Einführung

Jeder Mensch, jeder von uns ist ein kleines Wunder. Unglaublich, aber wahr. Jeder von uns ist einmalig, keinen gibt es ein zweites Mal auf dieser Erde.
Dein Gesicht und deine Stimme hast nur du. Kein Mensch auf dieser Erde lacht so wie du, kein Mensch weint so wie du.
Wie wertvoll, wie schützenswert ist jeder von uns, ist jedes Leben auf dieser Welt!
Jeder Mensch, jeder von uns ist ein Wunder.
Das ist gemeint und eingefangen in einer uralten Geschichte der Bibel von der Erschaffung des Menschen. »Und Gott schuf den Menschen zu seinem Bilde, zum Bilde Gottes schuf er ihn.« Und: Gott wurde in Jesus ein Mensch, er wurde ein Ebenbild des Menschen.
Jede und jeder von uns ist ein einmaliges Bild Gottes. Unser Leben und unsere Würde sind unantastbar – sie wurden uns geschenkt.

Keiner darf über uns verfügen, keiner darf uns einfach verwerten für irgendeinen Zweck. Keiner von uns kann dann eine Nummer ohne Gesicht in der Gemeindegliederkartei oder einer Statistik sein. Kein Mensch kann zu einer Ware oder zum Humankapital werden, das gekauft oder verkauft wird wie ein Auto oder ein Computer.
»Gott ist in mir. Mein Ich, so wie ich wirklich bin«, hat jemand von euch im Konfirmandenunterricht gesagt. Jede und jeder von uns ist ein Ebenbild Gottes, gleich ob Mann oder Frau, jung oder alt, gleich welche Begabungen und Schwächen er hat, gleich welcher Religion er sich zugehörig fühlt.
Jeder von uns ist ein Wunder – ein Ebenbild Gottes. Auch wenn wir das vielleicht nur selten in unserer Welt, in Schulen und Gemeinde, am Arbeitsplatz und in der Familie erleben. Uns ist die Sehnsucht danach ins Herz geschrieben (Röm 2,15), und es ist schön, es tut gut und ist ermutigend, immer wieder daran zu erinnern.
Wir sind Gottes Ebenbilder. Dieses Thema haben wir für diesen Gottesdienst ausgesucht. Die Jugendlichen haben diesen Gottesdienst mit mir zusammen vorbereitet. Sie werden ihn gestalten und uns gleich erzählen, wie sie sich selbst und ihr Leben als Ebenbilder Gottes sehen. Möge das, was wir hören und sehen, uns stärken, uns guttun und uns ermutigen.

Gebet eines Konfirmanden

Wir brauchen jemanden, der Zeit für uns hat und wirklich auf uns eingeht, der uns hilft, uns selbst zu verstehen und anderen Freund zu sein. Wir brauchen jemanden, der uns befreit von unserer Unsicherheit, der verständnisvoll ist, wenn wir etwas falsch machen, und der unsere Gefühle achtet.

Liedvers: Das wünsch ich sehr
Kommt und singt, Gütersloh 2015, 410

Wir brauchen jemanden, der uns nicht nur nach unserem Benehmen oder nach unseren Zeugnissen beurteilt. Wir brauchen jemanden, der uns beisteht bei unseren Problemen mit unseren Eltern, mit der Schule, mit uns selbst, der uns achtet und gemeinsam mit uns Wege der Lösung sucht.

Liedvers: Das wünsch ich sehr

Wir brauchen jemanden, der hört, was wir zu sagen haben, und dem wichtig ist, was wir meinen. Wir brauchen jemanden, der uns mag und uns vorlebt, wie wir in gutem Sinne erwachsen werden können.

Liedvers: Das wünsch ich sehr

Einstimmung 1

Hier vorne sehen Sie den Stammbaum der Konfirmandinnen und Konfirmanden. Vor langer Zeit haben sich Menschen vorgestellt, es gäbe einen riesigen Baum, viel größer als dieser gemalte Baum. Er ist so groß, dass seine Wurzeln sich auf der ganzen Erde verteilen, bis in die Meere reichen die Wurzeln, und die Zweige reichen bis in den Himmel, bis zu den Sternen, bis an die Milchstraße und noch viel weiter. Dann haben diese Menschen gesagt: Die Menschen auf der Erde sind wie Blätter an diesem Baum, aber nicht nur die Menschen, auch die Tiere und Pflanzen, jedes Leben.

Wir alle sind wie Blätter an diesem Baum. Kein Blatt ist wie das andere, sogar jedes Blatt an einem Baum ist einmalig. Wie wunderbar ist die Schöpfung!

Jeder Mensch ist wie ein Blatt an diesem Baum – einmalig. Jeder sieht anders aus, kommt aus einer anderen Familie, hat seine eigenen Fähigkeiten und Schwächen.

Keiner kann alles, aber jeder kann etwas besonders gut. So verschieden und einmalig jede und jeder von uns auch ist, wir gehören doch alle zusammen, so wie alle Blätter zu diesem Bauch gehören. So unterschiedlich wir auch sind, wir all gehören zu diesem Baum des Lebens. Hören wir nun die Jugendlichen: Wir sind Gottes Ebenbilder.

Beiträge der Konfirmandengruppe: Teil 1

Ich bin ich. Ja, ich bin sogar einmalig. Mich gibt es nur einmal auf dieser Welt. Es gibt Milliarden von Menschenaugen, aber meine Augen gibt es nur einmal. Es gibt Milliarden von Händen, aber an meinem Daumenabdruck bin ich zu erkennen. Die Haare auf den Köpfen der Menschen lassen sich nicht zählen, aber an einem einzigen Haar lässt sich feststellen, ob es mir gehört. Ich bin ich: In bin zuverlässig und selbstbewusst. Mein Lachen steckt andere an. Begabt bin ich in Englisch.

Ich bin hilfsbereit und kann anderen gut zuhören. Mit mir kann man über alles reden. Wunderbar ist es, zu riechen, zu schmecken und zu fühlen. Schön ist die Farbe meiner Augen, die meiner Haare. Schön ist es, dass ich Freunde habe, auf die ich mich verlassen kann. Das alles gehört zu mir. Ich bin ich, ich habe ein Recht, ganz ich zu sein.

Ich möchte frei sein, frei von dem »man muss«. Man muss mit 14 rauchen, man muss mit 15 trinken, mit 16 sexuelle Erfahrungen machen. Man muss die neueste Mode tragen, sich eine Digicam leisten und im Urlaub im Ausland gewesen sein. Ich lehne es ab, dass ich so sein soll, wie viele andere. Ich will selbst entscheiden, was und wann ich etwas tue. Ich bin ich, auch wenn ich nicht immer genau weiß, wer ich wirklich bin. Ich finde Skaten cool, ziehe gerne mit Freunden rum und spiele gerne Fußball. Was alles in mir steckt, dass muss sich noch zeigen.

Ich möchte mich entdecken. Ich möchte mich einschätzen lernen, um mich selber schätzen und zu mir stehen zu können, egal, ob das den anderen so passt. Ich will es nicht jedem recht machen. Ich kann mit anderen lachen. Ich kann mit anderen weinen. Ich kann andere verstehen. Ich kann anderen helfen. Ich brauche andere. Ich muss eine Meinung haben. Ich muss sie vertreten. Ich kann nicht alles, aber für das, was ich kann, schätzen mich andere. Dafür bin ich dankbar.

Ich kann das Leben nur an mir selbst erfahren und dann entscheiden, ob und was ich will. Ich möchte meine eigenen Erfahrungen machen, neue Fähigkeiten an mir entdecken, auch Fehler zugeben dürfen, selbständig meinen Weg suchen. Ich bin ich: Ich bin eher zurückhaltend und warte ab, was auf mich zukommt. Ich kann gut zuhören und überlege, bevor ich etwas sage.

Ich bin hilfsbereit. Ich sorge selber dafür, dass es spaßig ist. Ich kann gut Computer spielen und Fernsehen gucken. In der Schule bin ich nicht gerade der Beste, aber ich kann dafür sorgen, dass jemand auch auf mein Niveau kommt. Manchmal bin ich gut gelaunt, manchmal bin ich schlecht drauf.

Ich bin ein wertvoller Mensch, denn ich kann andere zum Lachen bringen. Ich kann anderen gut zuhören. Dadurch habe ich schon einmal einem Menschen geholfen. Wenn ich Klavier spiele, freue ich mich über das, was ich kann und mache anderen eine Freude.

Klavierspiel (Konfirmandin)

Einstimmung 2

Am Freitag bin ich mit einigen Jugendlichen in ein Gartencenter gefahren, um zwei Apfelbäume zu kaufen, die die Konfirmanden gleich neben der Kirche einpflanzen werden. Während der Fahrt entdeckte ein Jugendlicher zwei Euro auf dem Boden des Autos. Ich sagte: Die kannst du behalten. Er antwortete: Toll, dann habe ich etwas Geld für den Laptop, den ich mir am Montag von meinem Konfirmationsgeld kaufen werde.

Natürlich sind für die Jugendlichen Geschenke und Geld zur Konfirmation wichtig. Geschenke zeigen ihnen: Du bist uns wichtig, wir interessieren uns für dich, wir wollen dir eine Freude machen. Geschenke sind ein Reisesegen.

Aber die Jugendlichen sind viel mehr, als Geschenke und Geld ausdrücken können, sie sind viel mehr als das Rechnen mit den Geschenken zur Konfirmation. Es wäre verhängnisvoll, sie darauf reduzieren zu wollen. Sie sind wie jeder Mensch nicht einfältig, sondern vielfältig. Sie möchten wahrgenommen und anerkannt werden, geliebt und geachtet werden, wie jeder Mensch. Sie haben Begabungen und Talente, Träume und Sehnsüchte, sie haben noch unentdeckte Seiten in sich, sie sind auf dem Weg des Lebens. Es ist noch nicht erschienen, was sie sein werden.

Verhängnisvoll ist es, einen Menschen auf eine Seite seines Lebens festlegen zu wollen: Den starken Schüler auf seine Leistungen, den schwachen auf sein Versagen, den Kranken auf seine Krankheit, den Jungen auf seine Jugend, den Alten auf sein Alter ... und so weiter und so weiter. Selbst meinen Feind kann ich nicht einfach festlegen auf seine Feindschaft zu mir, denn er ist und bleibt ein Ebenbild Gottes und hat deshalb noch ganz andere, liebenswerte Seiten, die ich an ihm zurzeit nicht wahrnehmen kann und will. Wir Menschen sind viel mehr, als andere uns einreden wollen, denn es ist noch nicht erschienen, was wir sein werden.

Aber hören wir nun wieder euch »Ebenbilder Gottes«.

Beiträge der Konfirmandengruppe: Teil 2

Ich bin nicht berühmt wie Greta Thunberg. Ich kann nicht Fußball spielen wie Christiano Ronaldo. Ich kann nicht so singen wie Ed Sheeran. Ich bin nicht so mächtig wie Joe Biden. Ich bin nicht so reich wie ein Ölscheich.

Aber ich kann lachen, wie ich lache. Ich kann weinen, wie ich weine. Ich kann denken, wie ich denke. Ich bin nicht großartig. Ich bin nicht berühmt. Aber mich gibt es nur einmal auf dieser Erde. Ich bin ich.

Ich denke, ich bin zuverlässig. Mit mir kann man reden. Ich strahle Ruhe aus und setze mich auch für andere ein. Ich glaube, ich werde von manchen bewundert, weil ich gut Fußball spielen kann. Das tut mir gut, aber ich bin nicht eingebildet.

Mein Spitzname ist »Professor«. Ich bin recht gut in der Schule. Mir fiel schon immer vieles leichter im Vergleich zu anderen, aber das ist für mich etwas ganz Normales. Meine Begabung ist Mathe. Ich weiß nicht warum. Sie wurde mir geschenkt. Natürlich muss ich dafür auch etwas tun.

Ich kann sehr nett zu anderen Menschen sein. Ich lerne gut und manchmal bin ich faul. Ich liebe Sport von Herzen. Ich kann sehr gut Handball spielen. Wenn ich groß bin, möchte ich in der Handballnationalmannschaft spielen. Das ist mein größter Traum. Aber bis dahin ist es noch ein weiter Weg.

Ich möchte von anderen beachtet werden. Manchmal sorge ich dafür, dass andere mich beachten müssen. Ich kann Fußball spielen und bin immer zu einem Scherz aufgelegt. Gerne würde ich an einem Seil durch die Kirche fliegen oder den Kirchturm hochklettern.

Meine Begabung steckt in den Füßen. Mit ihnen kann ich Marathon laufen, BMX fahren, Fußballspielen, wenn ich Lust dazu habe.

Ich möchte einen Menschen haben, der mir zuhört, der mich versteht, dem ich auch etwas anvertrauen kann, der mir nicht gleich einen reinwürgt, der mich so nimmt, wie ich ihn.

Hallo: Ich kann gut Witze erzählen und gut zeichnen. Ich bin immer für Spaß zu haben, ich bin zuverlässig und hilfsbereit. Doch leider ein sehr bequemer Mensch.

Ich kann singen und tanzen und Theater spielen. Ich rede gerne ununterbrochen, aber zuhören kann ich auch, wenn ich mich anstrenge. Ich weiß, andere können das alles auch, aber keiner kann es so wie ich. Ich möchte ein Mensch sein, der verstanden wird und der sich geliebt fühlt. Wenn ich mich selbst nicht ausstehen kann, kann ich andere nicht ertragen. Wenn ich mich selbst nicht annehmen kann, kann ich auch andere nicht annehmen. Wenn ich zu mir selbst nicht Ja sagen kann, kann ich andere nicht bejahen. Wenn ich mich selbst nicht lieben kann, kann ich mich anderen nicht liebevoll zuwenden.

Ausklang
Ein Baum hält sich mit Wurzeln in der Erde fest. Sie geben ihm Halt. Sie transportieren die Nahrung aus der Erde zum Baum. Wir Menschen haben genauso wie der Baum unsichtbare Wurzeln, die uns festhalten, uns stützen, uns nicht verlassen, uns mit dem versorgen, was wir zum Leben brauchen.
Wir haben im Konfirmandenunterricht zusammengetragen, was eure Wurzeln sind. Was ihr gesagt habt, hat mich überrascht und mir Mut gemacht. Ihr habt gesagt: Unsere Wurzeln sind unsere Familie, Eltern und Geschwister, unsere Freundinnen und Freunde, Tiere, Hoffnung, Treue, Vertrauen, Liebe und Glauben.
Gott hat Namen. Diese Namen haben ihm Menschen gegeben. Die schönsten Namen, die ich kenne, sind: »Gott ist ein Liebhaber des Lebens«, ein unsichtbarer Freund und eine unsichtbare Freundin, »er ist mir näher als meine Halsschlagader«. Er will, dass jeder Mensch auf dieser Erde das hat, was er zu einem menschenwürdigen Leben braucht.
Was habt ihr gesagt, wer Gott für euch ist? Er ist wie ein Freund, eine Freundin, mit dem, mit der ich reden kann. Er ist wie eine Mutter, die mich tröstet, und wie ein Vater, der sich um seine Kinder kümmert. Er ist wie eine Quelle, die Wasser gibt. Er ist wie ein Richter, der für Gerechtigkeit sorgt. Er ist die Luft, die ich zum Atmen brauche, und er bleibt ein Geheimnis. Dem ist nichts hinzuzufügen.

Gedanken eines Presbyters

Liebe Konfirmandinnen und Konfirmanden! Ihr selbst habt euch entschieden, zur christlichen Gemeinde zu gehören. Das feiern wir heute in diesem Gottesdienst.

Was bedeutet es, zur christlichen Gemeinde zu gehören? Paulus beschrieb es vor 2000 Jahren so: »Einer trage des andern Last« (Gal 6,2).

Wir Menschen sind füreinander da, nicht nur in der Familie und unter Freunden. Ihr steht jemandem zur Seite, wenn es ihm schlecht geht. Wenn ich mich freue und meine Freude mit anderen teilen kann, ist sie doppelte Freude. Wenn ich Probleme habe und jemand teilt sie mit mir, dann ist das Problem schon viel kleiner und leichter zu lösen.

Mit der Konfirmation seid ihr eingeladen, euch immer wieder in der Gemeinschaft zu stärken mit Brot und Wein im Abendmahl. Wer von einem Teller isst und aus einem Becher trinkt, der ist Schwester und Bruder, auch wenn ihr nicht mit ihm verwandt seid.

Ihr bekräftigt heute, Mitglied der Lukas-Gemeinde zu sein. Als Vorsitzender des Presbyteriums der Lukas-Gemeinde verspreche ich euch: Wenn ihr Hilfe, Unterstützung und Begleitung im Leben braucht, dann könnt ihr zu uns kommen und sicher sein, dass wir versuchen, euch zu helfen.

Wir wünschen uns aber auch von euch, dass ihr selbst Menschen seid, die anderen beistehen, wenn sie Hilfe brauchen. »Einer trage des andern Last«, so sind wir ein Ebenbild Gottes!

Sie alle, die Sie hier und heute zusammen sind, bitte ich, diesen Jugendlichen zur Seite zu stehen, damit sie in ihrem Glauben, in ihrer Hoffnung und Liebe gestärkt werden. Konfirmation heißt: gestärkt werden in Glaube, Hoffnung und Liebe.

Ich wünsche euch, dass euch Gott wie ein unsichtbarer Freund auf allen Wegen eures Lebens begleitet.

(Gedanken der Eltern etc. können sich anschließen)

Austeilung von Rosen

Die Konfirmandengruppe verschenkt Rosen an die Eltern.

Liebe Konfirmandinnen und Konfirmanden! Ihr begleitet eure Eltern auf den Wegen ihres Lebens. Ihr gebt ihnen Lebenskraft und Lebensmut und kostet nicht nur Mühe und Nerven. Jetzt wollt ihr euren Eltern etwas schenken. Ein kleines Zeichen eurer Zuneigung und Liebe.

Ein Konfirmand:
Liebe Eltern! Diese Rosen schenken wir euch. Sie sind ein kleines Zeichen unseres Dankes und unserer Zuneigung. Nehmt sie mit in diesen Tag. Dieses Zeichen ist größer als viele Worte. Es ist überzeugender als viele Reden. Diese Rosen sind ein Zeichen der Liebe.

Krisenfest
Vorstellungsgottesdienst

Christoph Kock

Im Mittelpunkt der Vorbereitung standen Fotos, die Jugendliche in Krisensituationen zeigen. Die Konfis haben fünf Fotos ausgewählt und dazu unterschiedliche Texte verfasst, die ich nur leicht redigiert habe. Die Fotos wurden zunächst beschrieben, dann war Fantasie gefragt und damit auch Gelegenheit, eigene Erfahrungen einzubringen, ohne sie als solche benennen zu müssen. Gerade beim Thema Selbstverletzung ist mir das deutlich geworden. Manche wollten ihren eigenen Text vorlesen; andere wollten es ausdrücklich nicht, waren aber damit einverstanden, dass andere diese Aufgabe übernahmen. Im Gottesdienst waren die Fotos auf einer Leinwand zu sehen, und Konfis haben die Texte aus dem Off (von der Bank) gelesen. Das hat auch denen eine Beteiligung ermöglicht, die sich nicht an den Altar vor die Gemeinde stellen wollten. Alle Liedtexte wurden per Beamer eingeblendet.

Intro: Musikvideo »Messer« (Prinz Pi, feat. Capital Bra, Bosse)

Begrüßung

Konfirmandin:
Wir feiern diesen Gottesdienst im Namen Gottes des Vaters, des Sohnes und des Heiligen Geistes.

Jugendleiter:
Ich begrüße Sie und euch herzlich zu diesem Gottesdienst. Schön, dass Sie da sind, dass ihr gekommen seid!

Konfirmandin:
Ein Gottesdienst in der Passionszeit. Wir Konfis haben ihn vorbereitet. Jesus steckt in einer Krise. Das haben viele mit ihm gemeinsam. Was dann hilft? Eine gute Frage. Ob Gott hilft? Auch das ist fraglich.

Jugendleiter:
Dank an die Band, die mitwirkt.

Lied: Durch das Dunkel hindurch (WortLaute 19,1–3.5)

Psalmgebet: Ps 102
Konfirmand/in 1:
Jetzt, am Tag der Not,
verbirg dich doch nicht vor mir!
Höre mich jetzt, ich schreie zu dir;
erhöre mich bald!

Kehrvers:
HERR, höre mein Gebet, lass meinen Hilferuf zu dir dringen!

Konfirmand/in 2:
Mein Leben schwindet dahin wie ein Rauch,
mein ganzer Körper glüht wie ein Ofen.
Meine Lebenskraft verdorrt
wie Gras in der Sonnenglut,
denn ich kann keinen Bissen mehr anrühren.
Ich kann nur noch stöhnen
und bin nichts als Haut und Knochen.

Kehrvers

Konfirmand/in 1:
Ständig beschimpfen mich meine Feinde.
Wenn sie jemand verwünschen wollen,
nennen sie meinen Namen und sagen:
»So wie den soll dich das Unglück treffen!«
Staub und Asche habe ich als Brot
und Tränen mischen sich in mein Getränk.

Kehrvers

Konfirmand/in 2:
In deinem Unmut und Zorn über mich
hast du mich gepackt und zu Boden geschleudert.
Mein Leben gleicht dem sinkenden Tag:
Bald wird die Nacht die Schatten verschlingen.
Wie Gras auf der Wiese verwelke ich.
Doch du, HERR, regierst für alle Zeiten,
deinen Namen wird man nennen

in allen kommenden Generationen.
Kehrvers

Lied: Ehre sei dem Vater (WortLaute 23)

Gebet
Mitarbeiterin:
Gott,
so einfach ist es,
einen Menschen zu verletzen.
Manche nehmen dazu die Fäuste,
die noch Feigeren das Wort.
Immer wieder Worte,
die einengen, einsam machen, wehtun.
Wo bleiben die anderen Worte,
die aufrichten, heilen, verbinden?
Gott, wir bitten dich:
Gib uns ein Gespür für die Macht der Worte.
Hilf uns zu reden und zu schweigen,
zu widersprechen und uns einzumischen.
Sprich zu uns dein Wort,
das erlöst und befreit.
Durch Jesus Christus,
nach dem wir uns nennen.

Kollekte ankündigen, einsammeln und auf den Altar legen; dazu Orgelmusik

Beitrag der Konfigruppe: Krisen

(Stimmen aus dem Off)
In der Krise. Was passiert da? Was macht das mit Menschen, die da reingeraten, die das aushalten müssen? Fünf Szenen haben wir uns genauer angesehen.

1. Streit im Elternhaus
Liebes Tagebuch, meine Eltern haben sich schon wieder gestritten. Ich bin zwar erst acht Jahre alt, aber ich habe schon verstanden, dass es

auch um mich geht. Bevor sie mich von der Schule abgeholt haben, waren sie bei einem Scheidungsanwalt, und er hat mit ihnen besprochen, wem was zusteht. Ich möchte nicht von meinem Bruder getrennt werden. Dann können wir uns nur noch selten sehen. Mein großer Bruder hat schon überlegt, ob wir zusammen irgendwo anders hingehen könnten, zur Oma oder zu Tante Hilde, weil es sonst nur noch mehr Streit geben wird. Zuhause halte ich es nicht mehr aus. Es gibt immer nur Streit, Streit und Streit. Oma und Opa haben schon versucht zu helfen, aber Mama und Papa wollen das alles allein klären.
Da gibt es noch ein Problem, wenn wir nirgendwo anders hinkönnen. Mein Bruder möchte zu Papa und ich möchte weiter bei Mama bleiben. Sie haben gesagt, wir setzen uns bald zusammen und reden über alles. Ich glaube aber, sie werden entscheiden, wer zu wem geht.
Bis bald, liebes Tagebuch, ich erzähl dir morgen, wie es weitergeht.

2. Gaming

Das ist Paul. Sein liebstes Hobby ist es, am PC zu spielen. Die Schule macht ihm keinen Spaß, seine Noten sind schlecht. Nach der Schule setzt sich Paul direkt wieder an den PC, um zu spielen.
In seiner Kindheit hat Paul fast die ganze Zeit draußen mit seinen Freunden verbracht. Als später fast jeder einen eigenen Computer bekommen hat, wollte Paul auch einen haben. Er quengelte so lange, bis seine Eltern nachgaben. Seine Eltern setzten ihm keine Grenzen, wie lange und was er spielen durfte.
Paul spielte oft mit seinen Freunden. Wenn sie keine Zeit mehr hatten oder früh wegmussten, spielte er alleine weiter. Teilweise sogar bis tief in die Nacht. Am nächsten Morgen stellte er sich extra früh den Wecker, damit er schon vor der Schule zocken konnte.
Seine schulischen Leistungen sind im Keller. Hausaufgaben macht er schon lange nicht mehr. Paul lebt in seiner digitalen Welt. Zu seinen Freunden hat er nur noch Kontakt, wenn sie online sind. Mit seinen Eltern hat er Stress, sobald sie ins Zimmer kommen. Paul bewegt sich wenig und ernährt sich von Fastfood und Energydrinks. Es geht ihm schlecht.

3. Ritzen/sich selbst verletzen

Die 16-jährige Laura ist vor kurzem mit ihren Eltern in eine neue Stadt gezogen. Anschluss an die neue Schule und Kontakt zu ihren neuen Mitschülern zu knüpfen, fällt ihr schwer. Sie wirkt oft abwesend, in sich

gekehrt. Als ob irgendetwas sie belastet. Für die anderen ist sie Luft. Laura will spüren, dass sie noch da ist. Dabei hilft ihr der Schmerz. Sie verletzt sich selbst, schneidet in ihren Arm. Immer wieder. Sie spürt den Schmerz und ist erleichtert.
Mit ihrem Freund, der noch in ihrer alten Heimat wohnt, läuft es seit dem Umzug nicht mehr rund. Als er mitbekommt, dass sie angefangen hat, sich zu ritzen, bricht er den Kontakt zu ihr ab. Damit ist er überfordert. Laura denkt immer öfter daran, wie es wäre, wenn sie sich das Leben nähme. Sucht im Internet, wie sie es anstellen kann. Irgendwann merken ihre Eltern, wie tief sie in der Krise steckt. Die Klinik ist der letzte Ausweg. Das ist schwer. Für Laura, für die Eltern. Aber zum ersten Mal geht es ihr wieder etwas besser.

4. Klimastreik
Sasha steht mitten in der Menschenmenge in einer großen Stadt und streikt für das Klima. In letzter Zeit beschäftigt ihn das Thema sehr. Er tut viel gegen den Klimawandel: Seit vier Monaten fährt er bei Wind und Wetter mit dem Fahrrad zur Schule. Außerdem bemüht er sich, seine Freunde und seine Familie dazu zu bringen, auf Plastik zu verzichten. Er selbst verbraucht so gut wie gar kein Plastik mehr. Beim Einkaufen lässt er zusätzliche Plastiktüten weg und kauft keine verpackten Sachen. Manchmal ist er aber auch frustriert und fühlt sich machtlos, da es oft genug vorkommt, dass es keine umweltfreundlichen Alternativen gibt. Oder dass der Bus so selten fährt, dass er doch seine Eltern fragen muss, ihn mit dem Auto zu fahren. Sasha geht zum Streik, um Leute darauf aufmerksam zu machen, dass sie jetzt etwas für das Klima tun müssen. Und dass sie jetzt etwas tun können. Für seine und für ihre Zukunft.

5. Mobbing
Lisa ist 14 Jahre alt und hat gerade die Schule gewechselt. In der neuen Klasse fühlt sie sich nicht wohl. Alle schauen sie so komisch an. Sie kommt sich vor wie ein Alien. In letzter Zeit wird es immer extremer. Lisa merkt, wie die Mitschüler ihr hinterherschauen und über sie reden. Als sie eines Tages aufwacht und auf ihr Handy schaut, weiß sie, was los ist. In der Klassengruppe, in der sie neuerdings auch ist, werden Bilder von ihr herumgeschickt. Die Kommentare dazu sind das Schlimmste. Alle machen sich über ihren Style lustig. Einige sind total beleidigend. »Schlampe« ist da noch harmlos. Lisa fühlt sich hilflos und alleine. Sie

weiß, dass sie nicht die neuesten Sachen hat und viele ihrer Klamotten secondhand sind. Sie muss eben mit schmalem Geld auskommen; ihre Eltern verdienen nicht so viel. Trotzdem hätte sie nicht gedacht, dass sie deshalb so gedemütigt wird. Was kann sie nur tun, dass das aufhört? Lisa hat keinen blassen Schimmer.

Lied: Aus der Tiefe rufe ich zu dir (EG RWL 655)

Lesung: Mk 14,32–42
Nach der BasisBibel, eine Konfirmandin spricht Jesus, eine andere den übrigen Text.

Glaubensbekenntnis

Lied: Vertrauen auf den Gott, der Tote aufweckt (#lautstärke 57)

Interview zum Bibeltext
Jugendleiter:
Was passiert da mit Jesus? Wo ist das Problem?

Pfarrer:
Ganz einfach. Jesus will nicht sterben. Er sieht, was da auf ihn zukommt. Ein Freund wird ihn verraten. Seine Gegner wollen ihn tot sehen. Das macht ihn fertig. Er ist erschöpft. Er hat Angst. Klar, er vertraut Gott. Aber dass er bei seinem Glauben draufgeht, was soll das?
Jesus betet. Jesus sagt Gott, wie es in ihm aussieht. Jesus will nicht sterben, aber es soll geschehen, was Gott will. Kaum auszuhalten. Und die Jünger, seine Freunde, schlafen ein. Sie sind so müde. Schaffen es nicht, wachzubleiben. Ob sie es wollen oder nicht: Jesus steckt in einer Krise und sie lassen ihn im Stich.

Jugendleiter:
Ok, das kann ich nachvollziehen. Jesus in der Krise. Aber was hat das mit den Szenen zu tun, die wir eben kennengelernt haben?

Pfarrer:
In vielen Krisen spielt Einsamkeit eine große Rolle. Bei dem Mädchen, das sich selbst verletzt, um zu spüren: Ich bin noch da. Bei dem Jungen, der am PC versackt. Wenn die Eltern nur noch miteinander streiten.

Erst recht beim Mobbing. Das ist doch am schlimmsten. Alleine dazustehen. Von den anderen lächerlich gemacht, verletzt. »Manche nehmen dazu die Fäuste, die noch Feigeren das Wort. Ein Messer ist ein Messer, wenn es dich durchbohrt.« Wie soll man das nur aushalten?

Jugendleiter:
Und dann hilft nur noch beten, wie bei Jesus?

Pfarrer:
Was meinst du, was hilft?

Jugendleiter:
Na, wenn einer da ist und hilft. Widerspricht, wenn andere mobben. Wie kann da Beten helfen?

Pfarrer:
Mit dem Beten endet die Ohnmacht. Das kannst *du* tun. Mit dem Beten beginnt die Gemeinschaft. Wer mit Gott redet, ist nicht mehr allein. Menschen in der Bibel klagen Gott, was ihnen passiert ist. Sie reden Klartext, machen ihrem Ärger Luft, ihrer Wut. Sprechen ihre Bitten aus – und Gott hört zu. Das ist immer ein Anfang. Nicht alles in sich hineinfressen, sondern Gott auf den Tisch legen.
Und dann geht es bei den meisten anders weiter als bei Jesus. Nur die wenigsten schaffen es alleine oder durch Beten aus der Krise. Sie brauchen Hilfe. Da hast du völlig recht. Noch andere, die zuhören. Die zu ihnen stehen. Die beim Mobbing nicht mitmachen. Da kommen wir alle ins Spiel.

Jugendleiter:
Wenn wir wach sind und mitbekommen, was passiert.

Pfarrer:
So könnte man das sagen. Wach sein für das, was passiert. Ob ein Freund nur noch am PC hängt, jemand in der Klasse gemobbt wird oder auch bei der Klima-Frage. Hinsehen, hinhören, sich einmischen. Für die nächsten Schritte sind andere nötig. Rückhalt. Unterstützung. Ein offenes Ohr. Etwas gemeinsam tun.
Jesus sagt zu den Jüngern: »Bleibt hier und wacht!« Wach bleiben, wahrnehmen, was passiert. Worte finden, die aufbauen, anstatt zu zerstören. Das tun, was jemanden, was uns alle weiterbringt. Das ist schwierig. Das ist bitter nötig. Das ist möglich. Und dann berühren sich Himmel und Erde.

Lied: Wo Menschen sich vergessen (WortLaute 90)

Fürbitten

Was haben wir mitgebracht in diesen Gottesdienst? Welche Bitten an Gott haben Sie, habt ihr auf dem Herzen? Jetzt ist Gelegenheit aufzuschreiben, was wir gleich im Gebet vor Gott bringen. Einige Anliegen werden wir dann im Gebet nennen. Nehmen Sie sich einen Moment Zeit, ein Herzensanliegen aufzuschreiben – wenn Sie es denn möchten. Dazu verteilen wir Zettel und Stifte. Dann sammeln wir die Anliegen ein.

Konfirmanden verteilen Zettel und Stifte, sammeln sie wieder ein. Während des nächsten Liedes sortieren sie mit dem Jugendleiter die Gebetsanliegen und wählen einige aus.

Lied: Du schöner Lebensbaum des Paradieses (EG 96,1.3.4–6)

Fürbittengebet

Gott, wir danken wir für Jesus.
Mensch wie wir,
Gott wie du.
Anteil nimmst du am Leben.
Hältst Leiden und Schmerzen aus.
Gehst den Weg bis zum bitteren Ende.
Jesu Spuren folgen wir.
Der Weg führt zu dir.
Höre unsere Bitten,
sei du unser Halt,
unser Trost,
unsere Hoffnung.

Die ausgewählten Gebetsanliegen werden genannt. Nach zwei bis drei Anliegen stimmt die Gemeinde in den Gebetsruf ein: Höre, höre (#lautstärke 63)
Vaterunser

Lied: Lass uns deine Nähe spür'n (#lautstärke 124)

Segen
Orgelmusik zum Ausgang

Anders als gedacht. Worüber Jesus sich wundert
Ein Abendgottesdienst

Christoph Kock

Die »Spätschicht« ist ein Abendgottesdienst, der von einem Team vorbereitet wird, und vielfältige Gestaltungsmöglichkeiten bietet: Spielszenen, Filmausschnitte, Mitmachaktionen – alles kann, nichts muss sein. Diesen Gottesdienst habe ich mit einer Konfirmandengruppe vorbereitet. Ihre Fragen an den Bibeltext (Evangelium des Sonntags) sind in die Auslegung eingeflossen. Sie haben Gebetsanliegen formuliert, die ich geringfügig redigiert habe. Eine Spielszene ist entstanden. Darüber hinaus wirkt ein Gospelchor mit. Scheinwerfer leuchten den Kirchenraum orange aus. Liedertexte werden auf einer Leinwand eingeblendet.

Intro

Neben dem Altar liegen Kirchentagskartons. Auf einer Seite ist jeweils ein farbiges DIN-A4-Blatt befestigt. Die Farbe Orange überwiegt. A sortiert die herumliegenden Kartons und baut eine kleine Mauer vor dem Altar mit den orange gekennzeichneten Kartons. B kommt hinzu.

Sprecher/in 1:
Was machst du da?

Sprecher/in 2:
Das siehst du doch. Hier liegen jede Menge Kartons. Was für ein Chaos so kurz vor dem Gottesdienst. Guck mal, wenn man sie so vor den Altar stellt, sieht es doch ganz gut aus.

Sprecher/in 1:
Mmmh.

Sprecher/in 2:
Du bist ja nicht gerade begeistert. Gefällt dir das nicht?

Sprecher/in 1:
Etwas eintönig für meinen Geschmack.

Szene friert kurz ein.

Gospelchor

Votum

In Gottes Namen:
Im Namen des Vaters. Jeder Mensch trägt Gottes Bild in sich.
Im Namen des Sohnes. Sein Wort heilt und ermutigt zum Glauben.
Im Namen des Heiligen Geistes. Was Menschen trennen, ist verbunden.

Begrüßung

Willkommen zum Gottesdienst! »Spätschicht« in der Friedenskirche. Mit dem Gospelchor. Vielen Dank! Mit einer Geschichte vom Glauben, der Grenzen verschiebt. Konfis wirken mit. Schön, dass ihr dabei seid!

Gospelchor: Jesus is the Rock (Refrain zum Mitsingen)

Psalm 86 (Basisbibel)
Kehrvers:
Lehre mich, Gott, deinen Weg!
Ich möchte nach deiner Wahrheit leben.

Sprecher/in:
Hab ein offenes Ohr, antworte mir!
Denn ich bin niedrig und arm.
Bewahre mein Leben, ich bin dir doch treu!
Hilf mir, du bist ja mein Gott!
Ich verlasse mich auf dich.

Kehrvers:

Sprecher/in:
Gib mir ein fröhliches Herz!
Meine ganze Sehnsucht gilt doch dir.
Denn du bist gut und bereit zu vergeben.
Deine Güte kommt zu allen, die zu dir rufen.
Hör auf mein Gebet, Gott!

Kehrvers:

Sprecher/in:
Keiner ist wie du, Gott.
Kein anderer kann deine Werke vollbringen.
Es kommen alle Völker, die du geschaffen hast.
Sie werfen sich vor dir nieder,
und geben deinem Namen die Ehre.
Ja, groß bist du und tust Wunder,
du bist Gott, du allein.

Kehrvers:

Lied: Ehre sei dem Vater (WortLaute 23)

Gebet
Gott,
nun sind wir hier.
In deinem Haus.
Du heißt Menschen willkommen,
egal woher sie stammen.
Wer nach dir fragt,
ist an der richtigen Adresse,
egal in welcher Sprache.
Du heißt Menschen willkommen,
das verbindet.
Hilf uns, das zu erleben.
Öffne unsere Herzen
für dein Wort,
das Menschen anspricht,
hier und andernorts.

Wir sind hier.
In deinem Haus.
Mit unserem Gepäck:
Was uns beschäftigt,
worunter wir leiden,
worauf wir hoffen.
Damit sind wir hier am richtigen Ort.
Danke Gott, dass du uns begegnest.

Lied: Weil der Himmel bei uns wohnt (#freiTöne 118)

Lesung: Mt 8,5–13

Gospelchor: My Lighthouse (Refrain zum Mitsingen, Mein neues Gospelliederbuch 57)

Auslegung

Jesus ist erstaunt. Gerade hat ein römischer Hauptmann ihm erklärt, wie er sich das mit der erbetenen, ersehnten Heilung vorstellt. »Sprich nur *ein* Wort, so wird mein Diener gesund.« Wahrscheinlich ist es sogar sein Sohn, der an einer Krankheit leidet. Egal, ein Wort reicht. Warum? Für einen gelernten Militär ist das sonnenklar. Befehle müssen ausgeführt werden. Was immer der Hauptmann von Jesus gehört hat: Jesus hat Befehlsgewalt. Was er befiehlt, geschieht. Am Schluss des Matthäusevangeliums sagt der auferstandene Jesus: »Mir ist gegeben alle Gewalt im Himmel und auf Erden«. Na also. Jesus ist Gottes Oberbefehlshaber. Sein Wort reicht.

»Sprich nur *ein* Wort.« Was hat Jesus eigentlich gesagt? Wie lautet sein Befehl? Ein Wort, vielleicht ein Satz, kein Roman. Davon wird nichts erzählt. Jesus benutzt keinen Zauberspruch für Sofortheilungen. Aber am Schluss sagt er zu dem Hauptmann: »Geh! So wie du geglaubt hast, soll es geschehen.« Nicht auf den Befehl, sondern auf den Glauben kommt es an.

Das macht mich ratlos. Wer kann schon so glauben wie dieser Hauptmann? Ich nicht. Selbst Jesus wundert sich. Dass einer so glauben kann. Für ihn ist der Hauptmann ein Beispiel, dass Glauben weitergeht, als viele denken. Auf einmal sitzt einer, der nicht zum Judentum gehört, mit den Vätern Israels an einem Tisch. Aus Osten und Westen werden Menschen ins Himmelreich kommen. Als später das Lukasevangelium die Geschichte erzählt, kommen Norden und Süden noch dazu. Aus allen Richtungen werden Menschen in Gottes Reich kommen, aus allen Ländern, aus allen Völkern. Soweit wird der Glaube an den Gott Israels ausstrahlen. Wie ein Leuchtturm in der Nacht.

Aus allen Richtungen. Das werden Jesu Leute später mühsam lernen. Viele Sprachen, viele Traditionen kommen dazu. Das ist mühselig, da sind Konflikte vorprogrammiert. Aber das gehört zur Kirche dazu. Sie ist größer, als sie erscheint. Nie national, immer global. So viele Menschen kommen dazu. Das ist immer wieder überraschend.

Ein Beispiel ist die Musik, die heute im Mittelpunkt steht, der Gospel. Ursprünglich eine Musik von Sklavinnen und Sklaven in den USA. Die verlorene Heimat hallt wider. Und das, was sie in der Bibel entdeckt haben. Die Bibel, von den Sklavenhaltern benutzt, um ihnen Gehorsam beizubringen, erzählt ganz andere Geschichten: Von einem Gott, der sein Volk Israel aus der Sklaverei rettet. Von Jesus, der Leiden aushält und überwindet. Sklavinnen und Sklaven finden sich selbst in der Bibel wieder. Ein neues Kapitel ist aufgeschlagen. Es beginnt mit Musik, die immer noch ihre Kreise zieht. Was für eine gute Nachricht.

Was ist mit denen, die schon da waren und überrascht werden? Die sich neu orientieren müssen, weil Grenzen gefallen sind und Menschen auftauchen, die ihnen fremd sind? Manche denken, wie das Matthäusevangelium, dass Jüdinnen und Juden ihre Chance vertan haben. Dass Gott sie herauswirft, in völliger Finsternis sich selbst überlässt. Christen und Christinnen haben jedoch mühsam gelernt, dass Gott treu bleibt. Gerade seinem Volk Israel, das Gott aus der Sklaverei geführt und dem Gott die Gebote anvertraut hat.
Für mich steht der entscheidende Satz am Schluss: »Geh! So wie du geglaubt hast, soll es geschehen.« Wenn ich nur so glauben könnte. Für andere, die es nötig haben. Für die Welt. Für mich selbst. Dass Jesus den Tod überwunden hat und damit die Richtung vorgibt.

Fortsetzung Intro
Beide Personen stellen sich neben die Kartons. Die Szene geht weiter.
Sprecher/in 2:
Du bist ja nicht gerade begeistert. Gefällt dir das nicht?

Sprecher/in 1:
Etwas eintönig für meinen Geschmack.

Sprecher/in 2:
Hast du eine andere Idee?

Sprecher/in 1:
Vielleicht so.

Sprecher/in baut Kartons mit anderen Farben (grün, rot und blau) ein und nimmt dafür orangefarbene Kartons heraus.

Sprecher/in 2:
Und was machst du mit den anderen orangen Kartons?

Sprecher/in 1:
Wir machen den Kreis einfach größer.

Die Beleuchtung wechselt von orange auf orange, grün, rot, blau.

Lied: Wir haben Gottes Spuren festgestellt (EG RWL 648)

Fürbitten

Nach jeder Bitte wird eine Kerze entzündet und auf den Altar gestellt. Dazu Liedruf der Gemeinde: O Lord, hear my pray'r (Taizé)

Sprecher/in 1:
Corona macht einsam. Gott, wir bitten sich: Schenke allen Menschen Kraft, die sich in dieser Zeit allein und vergessen fühlen. Wir rufen zu dir: *Liedruf*

Sprecher/in 2:
Manche denken nur an sich. Gott, wir bitten dich. Gib Menschen Mut, sich solidarisch und mitmenschlich zu verhalten, ihren Egoismus zu vergessen und füreinander da zu sein. Wir rufen zu dir:

Sprecher/in 3:
Für andere ist das Glas immer halb leer. Sie können sich nicht freuen. Gott, wir bitten dich: Lass sie viele schöne Dinge erleben und sie die andere Hälfte des Glases sehen. Wir rufen zu dir:

Sprecher/in 4:
Es gibt viele schlimme Krankheiten. Gott, wir bitten dich: Misch dich ein, sprich ein Machtwort. Auch wenn wir nicht so glauben können wie der Hauptmann, dem Jesus begegnet ist: dass Menschen gesund werden, wäre wirklich gut. Wir rufen zu dir:

Sprecher/in 5:
Mit dem Glauben ist das so eine Sache. Der Zweifel ist meistens in der Nähe. Gott, wir bitten dich: Pass auf uns auf, auch wenn der Zweifel

uns von dir wegführt. Halte uns die Tür auf, wenn wir es uns anders überlegen und zu dir kommen. Wir rufen zu dir:

Pfarrer:
Gott, wir bitten dich für die Gemeindeglieder, von denen wir in der letzten Woche unter deinem Wort Abschied genommen haben: ... Erleuchte sie mit deinem Licht, das der Tod nicht auslöschen kann. Wir rufen zu dir:

Vaterunser
Segen
Gospelchor: This Little Light of Mine (Refrain zum Mitsingen, Mein Gospelliederbuch 111)

Gottesdienste zur Konfirmation

Etwas Besonderes
Taufe kurz vor der Konfirmation

Kurt Rainer Klein

Predigt

Liebe/r N., nachdem du nun fast ein Jahr Konfirmandenzeit hinter dir hast, willst du dich heute in diesem Gottesdienst taufen lassen. Es ist schon eine Zeit her, dass wir in der Konfirmandenstunde über die Taufe gesprochen haben. Aber du hast sicherlich behalten, dass die Taufe die Aufnahme in die christliche Gemeinschaft ist.

Letzte Woche hast du mir erzählt, dass du »Harry Potter« Band 1 und 7 gelesen hast. Als Schüler des britischen Zauberinternats Hogwarts nimmt Harry die Auseinandersetzung mit dem bösen Magier Lord Voldemort und dessen Verbündeten auf.
Harry Potter ist ein Waisenkind zweier Zauberer. Er selbst besitzt magische Fähigkeiten. Doch zunächst einmal ahnt er nichts von all dem. Bei Petunia und Vernon Dursley, seinen Stiefeltern, wächst er heran. So muss er ertragen, dass er von ihnen, den Muggeln – wie die Nicht-Zauberer heißen – schlecht behandelt wird.

Am Anfang der Geschichte bekommt Harry einen Brief. Darauf folgen immer mehr Briefe. Doch diese werden alle von Harrys schrecklichem Onkel Dursley abgefangen. Zu seinem 11. Geburtstag kommt Rubeus Hagrid, der Schlüsselbewahrer von Hogwarts und spätere Freund Harrys, und bringt ihm persönlich die Einladung in das Internat. Jetzt erst erfährt Harry von seiner Herkunft und seinen unglaublichen Fähigkeiten. Dieser Brief verdeutlicht Harry, dass er etwas ganz Besonderes ist. Dass er nicht nur das ungeliebte und schlecht behandelte Kind seiner Stiefeltern ist. Dass er einzigartig ist und besondere Fähigkeiten hat, von denen er nicht zu träumen wagt. Dass er eine Zukunft hat, die er sich noch gar nicht richtig vorstellen kann.

Was der Brief bei Harry Potter, der ihn aus der Bedeutungslosigkeit herausholt, ist die Taufe bei uns Christen. Sie macht uns deutlich, dass wir zu der großen Familie Gottes gehören und nicht allein auf dieser Welt sind. Und das, was uns miteinander verbindet, ist die Liebe, die uns im Geben und Nehmen reich macht und beglückt. Die Liebe, die einen Menschen für andere wertvoll und bedeutsam werden lässt. Darum ist jede und jeder von uns, auch du, N., etwas Besonderes in Gottes Augen. Ein Kind Gottes, sagen wir. Das bedeutet, dass wir bei ihm geliebt sind, noch ehe es uns bewusst wird.

Die Liebe zeigt sich oft in unseren Freunden, wie bei Harry Potter auch. Freunde, die uns mögen und unsere Verrücktheiten ertragen, die Nachsicht mit unseren Merkwürdigkeiten haben und zu uns halten, wenn es mal schwierig wird. Unsere Freunde sind es auch, die das Gute in uns fördern und unser Selbstvertrauen wecken, die uns unsere Begabungen erkennen und uns über uns selbst hinauswachsen lassen.

Und selbst wenn wir uns einmal von aller Welt verlassen fühlen, haben wir als Christen, als Kinder Gottes, eine Möglichkeit, die wir Beten nennen. Daraus kann uns – ganz ohne Zauberei, zu der wir ja nicht fähig sind – neue Kraft und Lebensmut erwachsen. Ein Gebet kann uns verschlossene Türen öffnen und unerkannte Möglichkeiten bewusst machen. Ein Gebet kann uns spüren lassen, dass wir nicht allein sind und dass der, zu dem wir beten, uns seinen Segen spüren lässt – auf welche Art auch immer.

Deine Taufe heute, liebe/r N., ruft dir mit dem Symbol des Wassers ins Bewusstsein, dass Gott dir das Leben als eine Kostbarkeit geschenkt hat. Nutze deine Möglichkeiten und vertraue darauf, dass Gott dir allezeit beisteht. Er schenkt dir seinen Geist.
»Lass dich nicht vom Bösen überwinden, sondern überwinde das Böse mit Gutem« (Röm 12,21), hast du dir als deinen Taufspruch gewählt. Gott gebe dir dazu die Kraft und erwecke dir daraus die Freude am Leben.

Gebet
Gott, ich bin jung
und wende mich an dich:

Ich suche das Leben –
wo kann ich es finden?

In dem, was ich vermisse,
oder in dem, was ich erträume?
In dem, was ich bekomme,
oder in dem, was ich brauche?
In dem, was ich finde,
oder in dem, was ich schätze?
In dem, was ich weiß,
oder in dem, was ich glaube?
In dem, was ich besitze,
oder in dem, was ich hoffe?
In dem, was ich festhalte,
oder in dem, was ich liebe?

Gott, du bist das Leben –
die ungeahnte Möglichkeit,
wunderbare Kraft und Stärke,
ein Stück Himmel auf Erden.

Brot
Predigt über Joh 6,30–35

Jörg Prahler

Die Predigt wurde im Abendmahlsgottesdienst vor der Konfirmation gehalten, der Predigttext vorab als Evangelium gelesen.

Ein Fachmann für Sprache hat mal gesagt: Die allerwichtigsten und stärksten Worte in der deutschen Sprache haben nur eine einzige Silbe. Höchstens mal zwei. Auf keinen Fall fünf. Worte mit nur einer Silbe wirken auf einen Zuhörer am meisten. Das erklärt auch, warum bei Reden mit langen Worten meistens nicht viel hängen bleibt.

***

Es war auf einer Konferfreizeit. Das ist schon eine ganze Zeit her. Mit dabei war ein anderer Pastor, der manchmal komische Sachen machte. Ohne Vorwarnung, ohne jede Erklärung. So z. B. den einen Abend bei der Andacht: Der Pastor schnappte sich ein Mikro und ging zu irgendeinem Konfi. Er hielt ihm das Mikro unter die Nase und fragte: »Was ist Brot?« Der Konfi kichert. Er guckt, wie die anderen gucken. Das Mikro bleibt bei ihm hängen. Irgendwas muss er sagen.
»Was ist Brot?« Komische Frage. Darüber hatte er sich noch nie Gedanken gemacht. Aber das Mikro ist da und geht nicht weg: »Was zu essen?« Der Pastor geht zur nächsten Konfirmandin: »Was ist Brot?« »Lecker! Ich esse meins am liebsten mit Schinken!« »Was ist Brot?« »Das gibt's als Toast, als Vollkorn, Kruste, als Graubrot.« »Was ist Brot?« »Ein Lebensmittel.« »Was ist Brot?« »Ohne Brot hast du nichts zu essen!« »Was ist Brot?« »Du brauchst das zum Leben!«
Jesus spricht: »Ich bin das Brot des Lebens. Wer zu mir kommt, den wird nicht hungern; und wer an mich glaubt, den wird nimmermehr dürsten.«

***

Auch vor mindestens zehn Jahren. Ich spreche mit den Konfis das Vaterunser durch. »Unser tägliches Brot gib uns heute.« Die Konfis finden diese Bitte komisch. Einer fragt: »Warum betet man nicht gleich für eine ganze Woche um Brot?« Ein anderer fragt: »Warum betet man nicht lieber für Pommes oder für eine Pizza? Ist doch viel leckerer.« Zwei gute Fragen. Z. B. weil Pizza und Pommes schon zwei Silben haben und Brot nur eine. Pizza ist Luxus. Brot ist der Grund, auf dem wir leben. Das Nötigste. Ohne das es gar nicht geht. Und das Tag für Tag für Tag. Jeden Tag neu.

Ich muss mir das auch erst klarmachen. Ihr Konfis erst recht. Aber die ganz Alten kennen das noch: Hunger. Nicht weil man sich kein Pausenbrot eingepackt hat. Oder weil man gerade Diät macht. Oder weil das Mittagessen erst eine halbe oder eine ganze Stunde später fertig ist. Sondern richtig bösen und gemeinen Hunger. Weil es nichts zu essen gibt. Wenn du einfach gar nichts mehr zu essen hast. Und wo du auch nicht weißt, wann du je wieder was kriegen wirst. 1945, 1946, 1947 z. B. Aber das gibt's heute auch noch. An der Schule ist ein Junge, der aus Afghanistan nach Deutschland geflohen ist. Er hat erzählt, wie er auf seinem Weg nach Deutschland einmal drei Tage und drei Nächte nichts gegessen hat. Weil es einfach nichts gab außer Hunger und Durst. Der weiß, was Brot ist. Und der weiß, warum man um Brot und nicht um Pizza betet. Obwohl ja nichts gegen Pizza einzuwenden ist. Oder gegen Schokolade oder Jägerschnitzel. Aber Brot hat eben nur eine Silbe. Nicht ohne Grund.

Jesus spricht: »Ich bin das Brot des Lebens. Wer zu mir kommt, den wird nicht hungern; und wer an mich glaubt, den wird nimmermehr dürsten.«

***

Ich gucke gerne Fernsehen. Ihr wahrscheinlich auch. Und ich ärgere mich dann immer über die Werbung. Ist euch das schon mal aufgefallen, wofür im Fernsehen so alles Werbung gemacht wird? Für Autos, Parfüms, Duschgel, Süßigkeiten, Geldinstitute, Schnaps und Bier, vegane Leberwurstimitate, für Putz- und Waschmittel, Krankenversicherungen, Handys, sogar für total teures Mineralwasser. Aber eigentlich nie für Brot.

Warum machen die keine Werbung für Brot, wenn Brot doch so wichtig ist? Weil ich mein Brot sowieso immer kaufe? Weil ich es eh nötig habe?

Heißt das dann aber nicht auch: Werbung ist bloß für all das Zeug da, was ich eigentlich gar nicht wirklich brauche? Worauf mir der Hunger oder Appetit oder das Gefühl, das nun unbedingt haben zu wollen, nur eingeredet wird? Das ist gut möglich.

Dabei wäre es schön, wenn es im Fernsehen mal Werbung für Brot gäbe. Nicht für mein Brot, das ich essen will. Das kann ich mir beim Bäcker schon selber aussuchen. Aber mal Werbung für Brot in Ostafrika, Somalia, im Südsudan. Da hungern und verhungern gerade Menschen. Die brauchen Brot.

Und wie viel Brot könnten wir für die Menschen kaufen, wenn unser nächstes Auto mal eine Nummer kleiner wäre. Und ein Jahr später käme. Oder wenn es uns nicht ganz so wichtig wäre, so ausgesprochen edel und teuer und gut zu riechen. Stattdessen ein bisschen mehr wie wir selber. Und dafür dann ein bisschen mehr Brot für die Welt. Klingt für mich ganz vernünftig.

Aber wir wollen ja so gern schöne, neue Sachen haben. Und komischerweise: Wenn wir sie haben, gleich schon wieder neue. Was ist Brot?

Jesus spricht: »Ich bin das Brot des Lebens. Wer zu mir kommt, den wird nicht hungern; und wer an mich glaubt, den wird nimmermehr dürsten.«

***

Jesus predigt am See Genezareth. Er hat Zulauf. Die Massen strömen zu ihm hin. Manchmal kann er sich vor seinen Zuhörern gar nicht retten. Aber was sind das für Leute?

Da sind etliche, die an ihn glauben. Die wirklich wissen wollen, was Jesus zu sagen hat. Andere kommen eigentlich nur, weil sie die Show sehen wollen: »Jesus, mach doch mal ein Wunder, damit wir an dich glauben können. So ein Wunder wie damals bei Mose in der Wüste. Als das Manna vom Himmel fiel. Das Brot vom Himmel.«

Aber so funktioniert das nicht. Jesus ist kein Zirkusäffchen, das Kunststücke vorführt. Und die Leute klatschen und sagen: »Mannomann!«

Nicht die Wunder sind wichtig: Brot und Fische für 5.000 Leute. Oder einer, der übers Wasser laufen kann. Oder meinetwegen Pizza Salami, die vom Himmel fällt, für alle.

Nein, Jesus ist wichtig. Und er ist das größte Wunder von allen: Der Sohn von Gott bei den Menschen. Einer, der alle Sorgen und Nöte von uns Menschen wegnehmen kann. Sogar die Angst vor dem Tod. Und dass danach nichts mehr ist und ich verloren bin. Jesus kann dem Leben der Menschen einen neuen Sinn geben. Einen neuen Grund. Wofür es sich zu leben lohnt. Und wie es sich zu leben lohnt. Aber dafür müssen sie ihm glauben.
»Ich bin für euch da und das reicht« sagt Jesus. »Und zwar ein für alle Mal.« Die Israeliten in der Wüste, die brauchten ihr Manna Tag für Tag. Die Schaulustigen bei Jesus, die brauchen ein Wunder nach dem anderen, damit sie bei Laune bleiben. Und damit Jesus weiter für sie spannend ist.

Und die Menschen heute? Viele müssen ackern, schuften und Geld verdienen. Und dann kaufen, kaufen und Rechnungen bezahlen. Konsumieren und konsumieren gegen eine Leere, die sich so aber nicht füllen lässt.
Kraft und Zeit und Leben verschwinden in einem finsteren Loch ohne Wiedersehen. Du bist müde, bist gehetzt und immer im Stress. Und alles was du kaufst, wird wertlos in dem Augenblick, in dem du es hast. Oder spätestens zwei, drei Wochen später. Lauter drei-, vier-, fünfsilbiges Zeug, was nichts taugt und nichts bringt.
Und was dir fehlt, das ist Glück, das ist ein guter Freund. Das ist Zeit für die, die du liebst. Und Zeit für dich. Und eben auch Zeit für Gott.
Und Jesus steht vor all den Menschen, und obwohl er redet, hören sie ihm nicht richtig zu. Oder viele verstehen ihn nicht. Oder sie haben den Kopf schon selber rappelvoll mit eigenen Ansichten. Da geht nichts Neues mehr rein.
Und Jesus hat die Lösung und wird sie nicht los: »Ich bin das Brot des Lebens. Wer zu mir kommt, den wird nicht hungern; und wer an mich glaubt, den wird nimmermehr dürsten.« »Mein Leib, mein Blut. Ich selbst.«

Für viele wird es jetzt zu hart. Die Menge der Menschen, die da vor Jesus stehen, die teilt sich in zwei Gruppen auf. Viele schreckt das ab. Jesus beim Wundermachen zu bestaunen, das ist die eine Sache. Ihn für das Brot des Lebens zu halten, für das Wichtigste und Grundlegendste im Leben – das ist was anderes. Viele ärgern sich über Jesus

und gehen weg. Viele von seinen Jüngern gehen wieder nach Hause. Von seinen Schülern, die mit ihm übers Land gezogen sind. Aber die anderen halten jetzt viel fester zu ihm. Petrus und die anderen elf. Und vielleicht noch ein paar mehr, von denen heute keiner die Namen mehr kennt.
Und mit denen macht Jesus weiter: Leute, die jetzt anders leben. Und die ihm treu bleiben werden – na gut, bis auf Judas. Sie gehen mit Jesus nach Jerusalem. Sie feiern das Passafest mit ihm. Das letzte Abendmahl mit Jesus. Brot und Wein. Müssen mit ansehen, wie Jesus gefangengenommen wird. Dass man ihn ans Kreuz nagelt, wo er stirbt. Sie erleben, wie er an Ostern aufersteht. Die Himmelfahrt. Und sie feiern das letzte Abendmahl immer wieder. Zur Erinnerung. Aber auch mit dem Gefühl, dass er da ist. In Brot und Wein.

***

»Was ist Brot?« Brot ist das, was ich zum Leben unbedingt brauche. Was zu essen und zu trinken. Liebe. Kleider. Ein Dach über dem Kopf. Und nicht zuletzt: Hoffnung.
Brot kann ich mir kaufen. Ein Dach über dem Kopf kann ich mir zur Not auch selber bauen. Aber wo bekomme ich Hoffnung her? Und Liebe? Jesus sagt, dass wir Liebe und Hoffnung von ihm bekommen können. Jesus ist der, der alles das von Gott mit auf die Erde bringt. Und der die Menschen irgendwann zu Gott bringt. Gott, auch nur eine Silbe. Nicht ohne Grund.
Deshalb, der Glaube an Gott und Jesus ist das Fundament für ein gutes Leben. Darauf kannst du alles andere aufbauen. Und glücklich sein. Und zufrieden. Satt, nicht hungrig. Satt, nicht überfressen. Jeden Tag.
Was ist Brot? Jesus sagt: »Ich bin das Brot des Lebens« Was ist Brot? Der Anfang, von allem, was du brauchst. Amen.

Neuer Wein
Predigt über Mt 9,14 f.17

Jörg Prahler

Die Predigt wurde im Abendmahlsgottesdienst vor der Konfirmation gehalten, der Predigttext vorab als Evangelium gelesen.

Liebe Konfis! Ende August, Anfang September werden die Weintrauben geerntet, um Wein daraus zu machen. Den ersten Wein, den man dann in den Läden kaufen kann, den nennt man Federweißer. Und wenn eure Eltern sich so eine Flasche Federweißer kaufen, dann macht doch mal das folgende Experiment: Schraubt den Deckel ab und ersetzt ihn durch einen normalen Deckel von einer Brauseflasche. Fest zuschrauben und warten, was passiert. In ein, zwei Tagen gibt es eine große Überraschung.
Nein, mal ganz im Ernst: Macht das bloß nicht! Das ist sehr gefährlich. Federweißer ist ein so junger Wein, dass er noch nicht fertig ist. Er gärt noch. Bakterien wandeln den Zucker vom Traubensaft um in Alkohol und in das Gas Kohlendioxid. Der Verschluss einer Federweißerflasche verschließt nicht richtig. Er lässt das Gas entweichen. Mit einem normalen Verschluss würde sich das Gas immer weiter anstauen.
Im günstigsten Fall fliegt dann irgendwann der Deckel ab und die ganze klebrige Soße spritzt durch die halbe Küche. Im schlimmsten Fall explodiert sogar die ganze Flasche. Glasscherben fliegen durch die Gegend und ihr könnt euch schwer verletzen. Also auf gar keinen Fall so einen Mist machen!

Aber ihr wisst jetzt wahrscheinlich, was Jesus mit dem jungen Wein und den alten Schläuchen gemeint hat. Zur Zeit von Jesus transportierte man Wein in Schläuchen. In wasserdichten, zugenähten Ledersäcken. Bei einem alten Schlauch, der schon ein paar Jahre im Gebrauch war, war das Leder vielleicht schon ein bisschen spröde. Das Garn, mit dem sie vernäht waren, wurde langsam brüchig. Vor allem aber konnte sich das alte Leder nicht mehr ausdehnen.

Füllte man jetzt also jungen Wein, der noch nicht vollständig vergoren war, in alte Schläuche, dann passierte folgendes: Die Hefebakterien arbeiteten noch etwas weiter. Es entstand wieder Kohlendioxid. Der Druck im Schlauch wurde irgendwann immer größer. Und dann riss die Naht auf oder das Leder platzte und der schöne Wein ergoss sich auf den Boden. Ein neuer Schlauch, der würde sich einfach ein bisschen ausdehnen. Der Wein bleibt erhalten.

»Niemand füllt neuen Wein in alte Weinschläuche. Sonst platzen die Schläuche. Der Wein läuft aus und die Schläuche werden unbrauchbar. Nein: Neuer Wein gehört in neue Schläuche, so bleiben beide erhalten.«
Aber warum erzählt Jesus das? Er war ja schließlich weder Weinhändler noch Weinschlauchverleiher. Aber Jesus war jemand, der den Menschen eine neue Botschaft von Gott übermittelte. Sachen, die die Leute damals so erst kaum oder überhaupt noch nicht gehört hatten.
Lebendiger, neuer, sprudelnder und durchaus auch berauschender Wein. Etwas, das die Leute aufrüttelte und begeisterte. Und was für ein großes Durcheinander sorgte in der damaligen Zeit: z. B. dass Gott die Menschen liebt, so wie ein Vater seine Kinder liebt. Man soll ihn respektieren, aber vor allem soll man ihn lieben. Und überhaupt braucht man keine Angst vor ihm zu haben.
Dass Gott wirklich alle Menschen liebt und sich besonders um die kümmert, die seine Hilfe besonders nötig haben: die Ausgestoßenen und Verachteten – Aussätzige, Bettler, Zöllner, Prostituierte.
Und dass Gott uns unsere schlimmen Taten nicht nachträgt, wenn wir uns bessern wollen. Sondern dass uns unsere Sünden vergeben werden.
Viele Menschen fanden das toll und liefen Jesus nach. Andere aber hassten ihn dafür: die Superfrommen z. B., die so stolz darauf waren, dass sie was Besseres wären. Die Mächtigen, die erzählten: »Gott ist auf unserer Seite. Sonst stünden wir ja nicht ganz oben.« Leute, die Angst und Schrecken verbreiteten und dachten: Wie stehe ich eigentlich da, wenn Gott nicht zornig und rachsüchtig ist, sondern ein Freund der Menschen?
Die wollten die neue Botschaft von Jesus lieber in geordnete Bahnen lenken. Ein bisschen gemäßigter. Nicht so radikal. »Pass dich doch mal an!« Das sind die alten Schläuche, die alten Gewohnheiten und Traditionen, denen sich Jesus anpassen sollte.

Aber das wollte er nicht. Seine Botschaft war wie junger Wein. Lebendig, voller Energie. Du kannst sie nicht einsperren. Deswegen taugen die alten Schläuche nicht. Neue müssen her. Eine neue Form, seinen Glauben zu leben und Gottes Willen in unserer Welt zu tun.

Jesus wurde dann später von seinen Feinden gekreuzigt. Aber er kam sehr lebendig wieder zurück. Versammelte seine Jünger neu und gab ihnen neuen Mut und den heiligen Geist. So kam es dann an Pfingsten zur Gründung der ersten christlichen Gemeinde. Am Anfang ein ziemlich wilder und auch durchgeknallter Haufen. Aber eben quicklebendig. Und die neue Kirche war der neue Schlauch, in dem der neue Glaubenswein bewahrt und ausgekostet werden konnte.
Und dann passierte, was immer irgendwann passiert. Neue Schläuche werden alt. Und statt, dass man sie selber rechtzeitig erneuert, sagt man: »Nö, geht noch. Muss so sein.« Aber dieser junge Wein, die Botschaft von Jesus, der bleibt lebendig. Der arbeitet und wühlt weiter. Bis man die starre Hülle austauscht oder bis es knallt.

Als wir auf Freizeit in Mansfeld waren und ganz besonders bei unserem Besuch in Eisleben habt ihr eine ganze Menge über Martin Luther erfahren. Wie er vor mehr als 500 Jahren die Kirche durchgeschüttelt und reformiert hat. Weg mit überflüssigem Blödsinn, den kein Mensch braucht! Weg mit bescheuerten Verkrustungen und Gewohnheiten, die die Botschaft von Jesus verschleiern und verdrehen! Und her mit dem neuen Schlauch einer Kirche, die sich dem Wein anpasst. Die sich verändert, statt zu versuchen, den Wein passend für den Schlauch zu machen.
Die evangelische Kirche ist ja eigentlich immer noch eine reformatorische Kirche. D. h. eine Kirche, die sich immer ändert. Die immer darauf achtet, dass die Botschaft von Jesus so gepredigt wird, dass die Menschen heute es verstehen. Eine Kirche, die zumindest theoretisch immer offen ist für neue Ideen und Sichtweisen.
Und da kommt ihr ins Spiel, liebe Konfis: Ganz selten kommen wirklich neue Ideen von den ganz alten Leuten. Deshalb seid ihr als Jugendliche und in ein paar Jahren dann als junge Erwachsene so wichtig für diese Kirche. Mal was Neues ausprobieren. Die Botschaft von Jesus in eine neue Zeit übersetzen. Noch jüngeren ein Vorbild sein, wie man heute als Christ in dieser Welt leben kann.

Denn ihr werdet gebraucht. So wie die Welt ist, ist sie nicht in Ordnung: Viel zu ungerecht – so wie Reichtum und Armut verteilt sind. Viel zu viel Hass, Krieg und Gewalt. Und wie die Umwelt zerstört wird, das Klima verändert und Tier- und Pflanzenarten ausgerottet werden, geht überhaupt nicht. Das soll anders werden, und da braucht Gott die Hilfe von uns Christinnen und Christen.
Und eben ganz besonders von euch. Denn ich glaube, wir Älteren haben uns schon zu oft abgefunden, resigniert oder sind zu lahm geworden. In euch gärt das noch mehr, wenn ihr seht, dass da was falsch läuft. Deswegen brauchen wir eure Hilfe – in der Kirche und überhaupt. Ihr müsst das aber auch nicht allein tun. Wir Älteren haben Erfahrungen und eine Menge Fähigkeiten, die wir beisteuern können. Und das machen wir auch.
Ich kann euch sagen: Wir sind eigentlich gar nicht so. Die meisten Erwachsenen wollen alles Mögliche sein, nur kein alter Sack – äh, Ledersack, alter Weinschlauch. Und mit euch zusammen können wir das schaffen: Ein Behältnis sein für den immer jungen Wein des Evangeliums.

Wie kann das praktisch laufen? Kehrt der Kirche nicht den Rücken, sondern sucht euch Angebote, die für euch passen. Oder schafft das, was für euch passt. Wir haben eine Gruppe, die Gottesdienste macht. Von Jugendlichen für Jugendliche. Wäre schön, euch da mal bei einem Jugendgottesdienst zu sehen. Im Sommer fährt ein Bus von hier zum Landesjugendcamp. Da werden 2000 Jugendliche sein. Jede Menge tolle Aktionen. Meldet euch an! Vielleicht habt ihr euch im Sommer einen Platz bei den Freizeiten gesichert. Vor allem aber: Ihr werdet eine Einladung bekommen als Teamer auf dem Konficamp. Wenn es irgendwie geht, meldet euch dazu an. Denn wir können euch gut gebrauchen.

Es muss alles anders werden
Predigt am Vorabend der Konfirmation

Mechthild Friz

Zum Abendmahlsgottesdienst am Vorabend der Konfirmation bekommen alle am Eingang einen Schmetterling aus Filz.

Liebe Konfirmandinnen und Konfirmanden, liebe Eltern, Großeltern, Geschwister und Paten!
Die Geschichte der kleinen Raupe Nimmersatt kennen alle. Ich habe folgende Raupengeschichte geschrieben.

Das kleine Wesen kriecht mühsam über den Boden: Es setzt Füßchen vor Füßchen. Es will von einem Fleck zum nächsten kommen. Es will leben. Es will fressen. Nicht irgendwas. Es will zu den leckersten, saftigen, grünen Blättern kommen. Die mag es am liebsten. Nur von den leckersten, saftigen Blättern kann es groß und stark und schön werden. Immer wieder muss sich meine kleine Raupe häuten und größer werden, weil sie so viel frisst.
Meine kleine Raupe, von der ich euch erzähle, ist nimmersatt und dauernd in Gefahr, will sie das Asphaltband der Straße überqueren, dem Igel ausweichen oder den Kindern, die mit spitzen Fingern die Raupe in ihr Glas sammeln.
Eines Tages aber hat die kleine Raupe keinen Hunger mehr. Und sie spinnt sich ein in ihren Kokon. Mit ihrem Kokon hängt sie – leblos fast – an einem Ast. Gut getarnt, so dass man sie kaum sieht. Gut getarnt, dass ihr nichts geschieht.
Eines Tages, keiner merkt es – fliegt ein wunderschöner Schmetterling durch die Luft. Umtänzelt Ast und Baum, Flieder, Blume und Mensch. Es muss alles anders werden. Es ist alles anders geworden. Verwandlung ist geschehen.

Liebe Konfirmandinnen und Konfirmanden, liebe Eltern, Großeltern, Geschwister und Paten! Einen schönen Schmetterling halten Sie in den

Händen; und morgen kann er als Andenken den Gabentisch von euch Konfirmanden schmücken.

Ihr, liebe Konfirmandinnen und Konfirmanden, kommt mir ein wenig vor wie die Raupen. Mühsam seid ihr ins Leben gekrochen, habt Sitzen, Laufen, Sprechen gelernt. Habt euch von Papa und Opa das Leben und von Mama und Oma die Nestwärme zeigen lassen. Musstet zuerst eine ordentliche Menge essen. Und wenn ihr erst achtzehn seid, ihr Jungen! Mütter, Väter: kauft schon mal ein! Das können Mengen, Unmengen werden!

Und in diesen Tagen empfinde ich euch Mädchen und Jungen eingesponnen in den Kokon eurer Familien. Dort ist man geborgen, dort ist man geschützt. Wie ein Kokon spinnt sich Familie, Verwandtschaft, Verein, Kirche, Jugendgruppe um euch herum. Ein Kokon, der Sicherheit gibt, Wärme, Nestwärme, ohne die kein Mensch aufwachsen kann. Gut getarnt, dass nichts und niemand euch etwas antun kann.

Und zugleich spürt ihr, wie es eng wird um euch: »Ich muss raus!« »Es muss anders werden!« »Der Kokon aus Nestwärme, Geborgenheit und Fürsorge wird zu eng, zu klein!« Es muss alles anders werden!

»Es muss alles anders werden!« Genau an dieser Schwelle waren wir, Pfarrerin, Gemeinde und Konfis miteinander einige Monate unterwegs. Genau an dieser Schwelle feiert man Konfirmation. Genau an dieser Schwelle sagt eure Kirche: »Hey, wenn es eng wird, hey, wenn ihr das Gefühl habt, rauszumüssen, hey, wenn Familie und Verwandtschaft nicht mehr genügen, da ist es wichtig, sich auf Gott zu besinnen, da ist es wichtig, sich auf Gott zu beziehen!« Warum eigentlich?

Als die kleine Raupe noch am Baum hing, konnte ihr kaum etwas passieren; farblich gut getarnt war sie gegen Feinde.

Als Kinder konnte euch kaum etwas passieren. Da war immer einer da, der die Hand ausgestreckt hat und euch geführt hat; eine Mama oder ein Papa, der gerufen hat: »Pass auf!« Irgendjemand war da, der euch vor Gefahren gewarnt hat.

Nun seid ihr die hübschen Schmetterlinge, die mal hierhin, mal dorthin fliegen, tänzelnd durch die Welt. Auf der Radtour seid ihr Jungs schneller als der Papa. Abends geht ihr aus, wisst noch nicht, wo ihr überall hingehen wollt. Ihr probiert im Praktikum aus, welchen Beruf ihr einmal ergreifen wollt: mal dieses, mal jenes. Ihr träumt euch nach England, Amerika oder Neuseeland.

Tänzelnde Schmetterlinge seid ihr. Es muss alles anders werden! Es ist alles anders geworden!
Tänzelnde Schmetterlinge sind gefährdet. Früher haben Kinder und Naturbeobachter die Schmetterlinge mit Netzen gefangen. Heute sind es der Staub, die schlechte Luft und die Vögel.
Tänzelnde Schmetterlinge sind gefährdet. Ihr Jugendlichen seid gefährdet. Und weil weder eure Eltern noch ihr selbst eure Zukunft in der Hand habt, darum sagt eure Kirche: »Hey, wenn es eng wird, hey, wenn ihr das Gefühl habt, rauszumüssen, hey, wenn Familie und Verwandtschaft nicht mehr genügen, da ist es wichtig, sich auf Gott zu besinnen, da ist es wichtig, sich auf Gott zu beziehen!«
Darum haben wir uns im Konfi-Unterricht darauf besonnen, was Hoffnung geben, was tragen kann. Womit wir durch das Leben kommen. Mit Hoffnung und Durchhaltevermögen. Wenn Verwandlung ansteht.

Die Hoffnung und Tragfähigkeit unseres Glaubens, ganz gleich, welche Verwandlung auch geschieht, möchte ich heute in einem Psalmwort bündeln: »Von allen Seiten umgibst du mich und hältst deine Hand über mir!« (Ps 139,5)
In aller Verwandlung ist einer da, auf den absolut Verlass ist: in allem, was man als tänzelnder Schmetterling an Geborgenheit, an Nestwärme hinter sich lässt, ist einer da, auf den absolut Verlass ist. In allem, was neu beginnt – Freundschaften, Reisen, Kontakte ins Ausland –, ist einer da, auf den absolut Verlass ist.

Der tänzelnde Schmetterling kann nicht zurück in seinen Kokon. Er kann auch nicht zurück und wieder die kleine Raupe Nimmersatt eurer Kindheit werden. Er kann nur nach vorne: wie ihr!
Aber darum brauchen wir einen, der euch auf dem Weg nach vorne begleitet. Und zwar richtig. Über den und von dem haben wir gelernt: Sprüche, Geschichten, Gebete. Auswendig gelernt! Damit es auch in dunklen Zeiten trägt.
Manches ging durch euch durch. Das war schade. Manches ist hängengeblieben. Darüber freue ich mich.
Morgen sagt ihr »Ja!« zu dem Gott, der versprochen hat, euch zu begleiten. Und wenn ihr ihn braucht, weil dem Schmetterling Gefahr droht, dann ist er da: Ihr dürft beten, ihr dürft rufen! Er hört! Ich hoffe, dass ich euch das rübergebracht habe!
Und er sagt: Ich bin für dich da!

Kreuzweise
Abendmahlsgottesdienst vor der Konfirmation

Christoph Kock

Orgelvorspiel

Begrüßung
Herzlich willkommen zum Abendmahlsgottesdienst vor den Konfirmationen. Wir feiern das Abendmahl heute [pandemiebedingt] am Platz. Wir erinnern uns an Jesus, so wie er es aufgetragen hat: »Solches tut zu meinem Gedächtnis.« Wir denken an seinen Tod und feiern das Leben. Auf Abstand und doch verbunden in der Gemeinschaft derer, die Jesus einlädt. Das Kreuz vor Augen und zugleich hinter uns.

Lied: Ich lobe meinen Gott, der aus der Tiefe mich holt (EG RWL 673)

Votum und Gruß
Psalm 73,23–26.28 (EG RWL 734)
Ehre sei dem Vater (WortLaute 23)

Gebet
Du, Gott,
hast keinen festen Wohnsitz
und wohnst doch in deinem Wort.
Du stehst nicht auf Abruf bereit
und sprichst doch zu Menschen,
die dich suchen und die nach dir fragen.
Manchmal überraschend.
Auf einmal bekommen wir
ein Zuhause für den Moment.
Vorübergehend wie in einem Zelt.
Und doch geborgen.
Wenn das Gefühl nur bliebe.

Du Gott,
hast keinen festen Wohnsitz
und wohnst doch in deinem Wort.
Du schickst Menschen auf neue Wege.
Stehst für Aufbruch,
gehst mit ins Neuland.
Du mutest uns zu,
Gewohntes in Frage zu stellen.
Dinge anders zu sehen,
Menschen zu begegnen.
Das ist anstrengend, Gott,
manchmal macht das Angst.

Du wohnst in deinem Wort.
Rück etwas zur Seite,
damit wir dort Heimat finden.
Wo du sprichst,
da blüht das Leben.

Lesung: Gen 12,1–4a
Glaubensbekenntnis
Lied: Wir strecken uns nach dir (EG RWL 664)

Impuls

Geld regiert die Welt, heißt es. So ist das. Die Macht des Geldes ist serienreif. Dennoch bleibt manches unbezahlbar: Vertrauen, ein Lächeln, Menschen, die dich mögen. Ein Sonnenuntergang, der den Auesee in rotes Licht taucht. Das kann niemand kaufen. Das gibt es nur geschenkt.

Was mächtig daherkommt, verbirgt in sich etwas, das nichts ausrichten kann. Viel, aber längst nicht alles ist käuflich. Und umgekehrt gilt: Was schwach erscheint, hat ungeahnte Kraft. Das ist widersprüchlich und ergibt doch Sinn.

Mit dem Glauben ist das ähnlich. Zweifel begleiten ihn treu und verlässlich. Wenn es doch nur wahr wäre, dass Gott die Welt zum Guten verändert. Erfahrungen sprechen dagegen. Eindeutig ist Glauben nur im Fundamentalismus. Eine Flucht vor Widersprüchen, oft mit Gewalt verbunden. Sonst bleiben Fragen offen. Manchmal bleibt einem nichts anderes übrig, als an Gott gegen den Augenschein festzuhalten: »Dennoch bleibe ich stets an dir …«

Gott mag es widersprüchlich. Der Apostel Paulus geht dem nach, als er über den Tod Jesu nachdenkt. Im ersten Brief an die Gemeinde in Korinth schreibt er:
Wir verkünden Christus, den Gekreuzigten: Das erregt bei den Juden Anstoß und für die anderen Völker ist es reine Dummheit. Christus ist Gottes Kraft und Gottes Weisheit. Das verkünden wir allen, die berufen sind – Juden wie Griechen. Denn was an Gott als dumm erscheint, ist weiser als die Menschen. Und was an Gott schwach erscheint, ist stärker als die Menschen. (1 Kor 1,23–25)
Wie in einem Brennpunkt kommt im Kreuz zusammen, was sich widerspricht. Ohnmacht und Gottes Kraft. Am Kreuz sind Abertausende Menschen hingerichtet worden, starben einen qualvollen Tod. Jesus war einer von ihnen. Das Kreuz ist leider nichts Besonderes. Es zeigt: Jesus ist gescheitert. Ein Gutmensch und Weltverbesserer ist von der Bildfläche verschwunden. In jüdischen Augen widerspricht das Kreuz dem Anspruch von Jesus, der Christus zu sein. Der von Gott gesalbte Retter. Denn ein Heiland stirbt nicht einfach so, sondern setzt Gottes Willen durch. Den Frieden auf Erden, Gerechtigkeit und was sonst noch dazu gehört.
Das alles ist offengeblieben. Als Jesus leidet und hingerichtet wird, ohnmächtig wie er ist. Doch Gott bringt die Dinge durcheinander. Gott hat, so heißt es, Jesus von den Toten auferweckt. Einfach getan, was doch gar nicht geht. Ein Stück vom Leben ohne Tod verschenkt. Ein Stück von der Ewigkeit in die Zeit hineingesteckt. Was hat sich Gott dabei nur gedacht!? Es geht drunter und drüber. Im Scheitern verbirgt sich ein Sieg. Die Erfahrung wird empfänglich für ein Wunder. An die Stelle der Weisheit tritt ein Geheimnis. Was hat sich Gott dabei nur gedacht …

Und wir feiern Abendmahl. Erzählen von Jesu Tod und loben seine Auferstehung. Nehmen die Zukunft vorweg, die wir von Gott erwarten. Der Abstand zwischen Gott und Mensch ist überwunden, die Verbindung steht. Durch Jesus, mit Jesus und in Jesus. Wir feiern Abendmahl zu seinem Gedächtnis, und er ist da. Verbindet, was getrennt ist. Das feiern wir sogar mit Abstand. So überraschend ist das eigentlich gar nicht. Denn Gott mag es widersprüchlich, und Jesus ist aus dem gleichen Holz.

Musik
Hinweise zur Austeilung
Lied: Komm, sag es allein weiter (EG 225)

Präfation

Gott, aus dir sprudelt das Leben. Wir loben dich und wir danken dir.
Du bist in Jesus Mensch geworden, spürst Schmerz wie wir.
Du hast Gewalt erlitten und den Tod auf dich genommen.
Miteinander versöhnt, was so unversöhnlich erschien.
Darum loben wir dich mit denen,
die in Sichtweite des Kreuzes standen und doch mehr gesehen haben als einen Sterbenden.
Mit denen, die dich sehnsüchtig suchen zu allen Zeiten und Orten.
Dir sei Ehre in Ewigkeit.

Sanctus, Einsetzungsworte, Vaterunser, Agnus Dei (Melodie: Jochen Arnold)

Austeilung

Die Elemente werden zu den Menschen an den Platz gebracht. Sie stellen jeweils Einzelkelch und Glasschälchen vor sich ab.

Alles ist bereit. Schmeckt und seht, wie freundlich der Herr ist, wohl dem, der auf ihn trauet.
Das Brot, das wir brechen, das ist die Gemeinschaft des Leibes Christi.
Esst vom Brot des Lebens. *(Alle essen das Brot)*
Der Kelch des Segens, den wir segnen, der ist die Gemeinschaft des Blutes Christi. Trinkt vom Kelch des Heils. *(Alle trinken aus ihrem Einzelkelch)*
So sind wir viele ein Leib, weil wir alle an einem Brot teilhaben. Das stärke und bewahre uns im Glauben zum ewigen Leben. Gottes Frieden sei mit uns.

Musik

Gebet

Gott, wir danken dir. Du stärkst uns auf dem Weg, der vor uns liegt. Als Zeichen der Gemeinschaft, die dein Sohn stiftet, haben wir Brot und Kelch in unserer Mitte. So sind wir verbunden, allen Abständen zum

Trotz, miteinander, mit Jesus und mit dir.
Gott, das Kreuz deines Sohnes ist uns vor Augen. Du verzichtest auf Macht. Du leidest und stirbst. Du lässt dich hineinziehen in das Elend einer widersprüchlichen Welt.
Wir bitten dich: Hilf uns, in deinem Leiden bei dir zu bleiben. Dich dort zu suchen, wo du dich verbirgst. Wege zu finden, die du eröffnest. Hilf uns, Hass und Gewalt zu widersprechen. Eigenes Leid anzunehmen und anderes Leid mitzutragen.
Gott, du beginnst immer wieder neu. Mit mir. Mit uns. Mit deiner Welt. Durch Jesus Christus.

Lied: Bewahre uns, Gott (EG 171)
Segen
Orgelmusik zum Ausgang

Da ist nicht Mann und Frau
Gottesdienst zur Konfirmation

Berthold W. Haerter und Antonia Lüthy Haerter

Als Video abrufbar unter: https://www.ref-oberrieden.ch/rueckblicke/online-gottesdienste/
Konfirmationsgottesdienst am 13. Juni 2021

Einzug der Konfirmanden mit Orgel: F. Mendelssohn Bartholdy, Allegro

Begrüßung
Wir feiern diesen Konfirmationsgottesdienst
im Namen Gottes, Quelle des Lebens;
im Namen Jesu Christi, in ihm ist Gott uns nahe;
und im Namen des Heiligen Geistes, der Kraft, die uns bewegt und belebt.

Frauen und Männer sind wir. Wir sind gleich und doch unterschiedlich.
Menschen, die Macht haben, nutzen dies immer wieder aus.
Von Gott her werden wir als Christinnen und Christen als gleichberechtigt angesehen. Paulus schreibt im Brief an die Gemeinden in Galatien: Da ist nicht Mann und Frau. Denn ihr seid alle eins in Jesus Christus. (Gal 3,28)

Herzlich willkommen zum Konfirmationsgottesdienst in unserer Oberriedner Kirche, im Zürcherhaus und am Bildschirm!
Ein spannendes Konfijahr liegt hinter uns, mit Konfirmandinnen und Konfirmanden, die sehr flexibel waren. Gern waren meine Frau und ich mit ihnen zusammen unterwegs.

Eingangsgebet
Sprecher/in 1:
Guter Gott,
unser Konfijahr liegt hinter uns.

Wir haben viel diskutiert, gespielt und gelacht.
Wir haben uns mit dir, unserem Leben, dem christlichen Glauben auseinandergesetzt.
Wir haben für andere gebacken, Sträucher gepflanzt, waren pilgern, haben Filme gesehen.

Sprecher/in 2:
Guter Gott,
wir haben Gottesdienste mitgestaltetet und selbst entwickelt.
Wir haben uns im Internet getroffen und dann eine Gottesdienstfeier aufgenommen.
Unser Gott, es war immer wieder anders, aber auch spannend.

Sprecher/in 1:
Danke, Gott, für dieses Jahr
und danke, dass wir heute unsere Konfirmation mit unseren Familien und Freunden feiern können.

Sprecher/in 2:
Lass uns diese Feier genießen.
Lass uns alle aber auch offen für dich sein.
Dein Geist sei unter uns.
Lass uns etwas von dir wahrnehmen und mitnehmen.

Lied: Großer Gott, wir loben dich (EG 331)

Einführung ins Thema

Sprecher/in 3:
Haben Sie Vorurteile? Ich meine Vorteile gegenüber anderen Menschen? Menschen, die irgendwie, vielleicht, etwas anderes sind, als Sie meinen, dass Sie sein sollten?

Sprecher/in 4:
Aber machen wir es konkreter: Haben Sie Vorurteile gegenüber Frauen oder Vorurteile gegenüber Männern?

Sprecher/in 3:
Und haben Sie es auch schon erlebt, dass Menschen wegen ihres Geschlechts diskriminiert werden? Dass man dumme Witze macht

oder dass man sie sogar angreift?

Sprecher/in 4:
Jetzt sind wir mitten im Thema unseres Konfigottesdienstes. Wir haben uns auf die Suche nach Diskriminierungen gemacht. Unser Thema heißt: Sexismus und Feminismus in Bibel, Kirche und Gesellschaft.

Sprecher/in 3:
Wir haben nicht nur unsere heutige Gesellschaft untersucht. Wir haben Diskriminierung auf Grund des Geschlechts auch in der Kirche und in der Bibel entdeckt.

Sprecher/in 4:
Unsere Ergebnisse zeigen wir Ihnen heute. Bei allem möge aber eine Erkenntnis über diesem Gottesdienst stehen. Der Gedanke ist aus der Bibel.

Sprecher/in 3:
Als Christen sind nicht Unterschiede zwischen Frauen und Männern wichtig. Als Christen habt ihr alle gleiche Rechte und Pflichten. Vor Gott seid ihr alle gleich viel wert.

Bibellesung im Gespräch

Sprecher/in 5:
Liebe Gemeinde! Das Neue Testament ist ursprünglich auf Griechisch verfasst worden. Deshalb muss man es auf Deutsch übersetzen. Immer wieder kann man die Bibel so der gesprochenen Sprache neu anpassen.
Im Konfi haben wir jede Woche einen Bibelabschnitt aus der Volxbibel gelesen. Das ist eine Übertragung in eine Umgangssprache, fast in einen Slang. Diese Art Übersetzung kann ziemliche Diskussionen auslösen. So ist es uns vor drei Wochen ergangen. Wir lasen folgenden Bibelabschnitt aus dem 1. Korintherbrief Kapitel 11. Hören Sie selbst:

Sprecher/in 6:
»Wenn ein Typ öffentlich zu Gott redet oder ein Wort von Gott weitergibt und sich dabei so schminkt, wie es manche Frauen bei euch tun, schadet er dem Image von sich und Jesus.
Dagegen ist das bei einer Frau so: Wenn sie öffentlich zu Gott redet oder ein Wort von Gott weitergibt und sich dabei übelst auftakelt, scha-

det sie dem Image von sich und dem Mann und Jesus. Sie könnte sich gleich so wie eine Hure aufstylen. Echt jetzt!
Wenn eine Frau nuttig rumläuft, könnte sie gleich nackt durch die Gegend spazieren. Das wäre echt peinlich für sie! Darum sollen Frauen sich normal anziehen.«

Sprecher/in 7:
So etwas steht in der Bibel! Das ist ja unmöglich!

Sprecher/in 5:
Das ist purer Sexismus. Da werden Menschen beleidigt, nur weil sie es anders machen und anders aussehen wollen, als die Gesellschaft es erwartet.

Sprecher/in 6:
Echt, das hätte ich nicht gedacht!

Sprecher/in 5:
Stopp, wartet mal. Erstens ist das ein gesellschaftliches Problem um das Jahr 50 nach Christus. Denn damals wurde dieser Brief geschrieben. Und zweitens: Das hat nicht Jesus gesagt.

Sprecher/in 7:
Und das ist doch auch eine ziemlich Slang-Übersetzung. Lesen wir den Text doch mal aus der Zürcher Bibel weiter vor:

Sprecher/in 5:
»Denn der Mann stammt nicht von der Frau, sondern die Frau vom Mann. Der Mann wurde ja auch nicht um der Frau willen geschaffen, sondern die Frau um des Mannes willen. (...) Doch im Herrn ist weder die Frau etwas ohne den Mann noch ist der Mann etwas ohne die Frau. (...) Urteilt selber: Gehört es sich für eine Frau, mit gelöstem Haar zu Gott zu beten? Lehrt euch nicht die Natur selbst, dass es für den Mann eine Schande, für die Frau aber eine Zierde ist, langes Haar zu haben?«

Sprecher/in 7:
Das klingt schon anders.

Sprecher/in 5:
Ist immer noch total veraltet. Denn der Text nimmt die Schöpfungsgeschichte wörtlich, dass die Frau aus der Rippe des Mannes gemacht worden ist. Das dies nicht stimmt, wissen wir alle.

Sprecher/in 6:
Der Brief ist vor 2000 Jahren geschrieben worden. Da kannte man die Entwicklungsgeschichte der Menschen noch nicht. Und der Brief von Paulus, wenn dieser Teil überhaupt echt ist, will Ordnung in der Gemeinde von Korinth bringen. Da muss ein ziemliches Chaos geherrscht haben.

Sprecher/in 5:
Irgendwie höre ich auch die Angst heraus. Angst, dass die bisherigen Normen der Gesellschaft nicht mehr gelten könnten.

Sprecher/in 7:
Na, damit passt der Text ja wieder in unsere Zeit. Denn bei uns ist ja auch alles im Umbruch und in Veränderung …

Lied: Wo Menschen sich vergessen
Kommt und singt, Gütersloh 2015, 506

Impuls: Feminismus in Bibel und Gesellschaft

Sprecher/in 8:
Umfasst die Bibel die genauen Worte Jesu?

Sprecher/in 9:
Eine gute Frage, darüber kann man lange nachdenken.

Sprecher/in 10:
Jesus wurde vor etwa 2000 Jahren geboren, er hat uns Weisheit gebracht und uns die Werte Gottes gelehrt. Er hat uns vieles beigebracht.

Sprecher/in 11:
Aber zurück zu unserer ursprünglichen Frage: Umfasst die Bibel die genauen Worte Jesu?

Sprecher/in 8:
Die Jünger übernahmen die weisen Aussagen Jesu nicht Wort für Wort, als er sie ihnen übermittelte. Ihre eigenen Perspektiven und Interpretationen schrieben die Evangelisten mit hinein. Dadurch wurde die Lehre Jesu durch die damalige Gesellschaft gefiltert.
Erst in der dritten Generation fing man an, alles genau aufzuschreiben,

da man nicht wollte, dass Jesu Geschichte noch mehr mit anderem Wissen angereichert wird.

Sprecher/in 9:
Diese Gesellschaft war in einer früheren Phase ihrer Entwicklung im Vergleich zu heute. Die heutige Gesellschaft hat andere Werte und Perspektiven.

Sprecher/in 11:
Was wir übermitteln wollen, ist, dass die Bibel vermutlich anders aussehen würde, wenn Jesus heute zurückkäme.

Sprecher/in 10:
Man sollte die Bibel also nicht aus dem (gesellschaftlichen) Kontext reißen, weil man sonst die Essenz von Jesu Worten nicht wirklich erkennt. Die biblischen Aussagen sollte man dann an die heutige Gesellschaft anpassen. So sind sie für uns immer wieder neu wichtig und helfen uns, unseren Weg zu finden.

Musik: Frédéric Chopin Nocturne op. 9 no. 2 (Konfirmand)

Impuls: Ist Fußball ein Männersport?
Drei Konfirmanden spielen sich einen Fußball zu, eine Konfirmandin kommt dazu.

Sprecherin:
D: Kann ich mitspielen?

Sprecher 1:
Nein, Frauen können doch nicht Fußball spielen!

Sprecherin (protestiert):
Das stimmt nicht, es gibt Frauenfußball. Der FCZ hat eine gute Frauenfußballmannschaft, sind Zweite im Schweizer Cup Final der Frauen geworden, leider gegen Luzern verloren ...

Sprecher 1:
Kannst du überhaupt Fußball spielen? Beweise es uns. Kannst du diesen Trick?
(Jungs führen einen Fußballtrick vor)

Sprecherin:
Nein, das kann ich nicht. Aber ich spiele in der Frauenmannschaft vom FCO. Und ich finde es ziemlich diskriminierend und arrogant, was ihr da sagt: »Nur Jungs können richtigen Fußball spielen.« Das ist beleidigend. Ihr habt ein total falsches Bild von Frauen, die Fußball spielen.

Sprecher 2 (kommt dazu):
Was ihr da sagt, ist echt blöd. Ich spiele z. B. nicht gern Fußball! Überhaupt die Idee, es gäbe Dinge, die nur Frauen machen dürfen, und Dinge, die nur Männer können, das ist von vorgestern. Man schaut sich vielleicht noch um, wenn man einen Mann sieht, der Erzieher im Kindergarten ist. N., du willst doch eine Ausbildung zum Krankenpfleger machen. Das war vor 30 Jahren hauptsächlich ein Frauenberuf. Man hat Männer komisch angeschaut, wenn sie sagten: Ich bin Krankenpfleger.

Sprecher 3:
Lasst M. doch mitspielen, dann sind wir fast schon genug für ein gutes Match.

Musik: Eigenkomposition einer Konfirmandin

Impuls: Die Schöpfungsgeschichte

Sprecher/in 1:
Nochmal zurück zum 1. Korintherbrief. In der Zürcher Bibel heißt es da: »die Frau aber ist Abglanz des Mannes. Der Mann stammt nicht von der Frau ab, sondern die Frau vom Mann.«
Dies ist der angebliche Beweis, dass Frauen doch dem Mann unterlegen sein sollten. Aber das wollen wir nicht glauben. Nicht nur weil die Aussage, die hier angedeutet wird, ethisch vollkommen verwerflich ist, sondern auch, weil der «Beweis« nicht einmal stimmt. Lesen wir doch einmal, was da in der zweiten Schöpfungsgeschichte wirklich steht:
»Und der Herr, Gott, machte aus der Rippe, die er vom Menschen genommen hatte, eine Frau und führte sie dem Menschen zu. Da sprach der Mensch: Diese endlich ist Gebein von meinem Gebein und Fleisch. Darum verlässt ein Mann seinen Vater und seine Mutter und hängt an seiner Frau, und sie werden ein Fleisch.«

Sprecher/in 2:
Ein Fleisch! Sie sind also eine Einheit – es stimmt also nicht, dass Eva für Adam, einen Mann, geschaffen wurde. Die Frau ist genauso Abglanz von Gott wie der Mann, denn Mann und Frau sind eins. Das steht in der Bibel ganz am Anfang und damit ist es ein grundsätzlicher Wert. Er gilt für alle folgenden biblischen Aussagen. Und auch wir sollten dies stets verfolgen. Deshalb können wir nicht sexistisch denken und handeln. Und ich glaube, dass unsere heutige Gesellschaft diesem Ziel so nahe kommt wie nie zuvor.

Impuls: Sind Männer immer schuld? Frau Potifar und Josef.

Sprecher/in 1:
Liebe Gemeinde, wir sind bei dem Thema Feminismus und Sexismus ins Nachdenken gekommen. Sind die Männer immer schuld? Wir möchten Ihnen eine uralte biblische Geschichte zu diesem Thema erzählen. Man findet sie im 1. Buch Mose, Kapitel 39.
Begeben wir uns also unter das Personal des Generals Potifar. Er ist Chef der Leibwache des ägyptischen Pharaos.

Sprecher/in 2:
Hast Du schon das Neueste gehört? Josef ist im Gefängnis!

Sprecher/in 3:
Was?! Er ist doch der Chef des Hauses, gleich nach den Potifars.

Sprecher/in 1:
Josef? Der hat doch bei uns Karriere gemacht. Man erzählt sich, seine Brüder hätten ihn in einer Nacht- und Nebelaktion an Sklavenhändler verkauft.

Sprecher/in 2:
Und unser Chef hat ihn auf dem Sklavenmarkt gekauft. Er hat Josefs Intelligenz erkannt und ihn bald zum administrativen Leiter gemacht. Ja, Josef war ein guter Mensch, aber nun ist er weg. Weiß jemand warum?

Sprecher/in 3:
Naja, Josef soll Frau Potifar zu nahegekommen sein! Als der Ehemann fort war, hat sie den jungen Josef zu sich gerufen und dann geschrien

und dann ... dann kam jemand aus einem anderen Büro ... der sah, wie Frau Potifar noch das Obergewand von Josef in der Hand hatte. Abends hat sie dann ihrem Mann erzählt, dass Josef ihr zu nahe kommen wollte und sie geschrien hat und Josef deshalb geflohen ist.

Sprecher/in 1:
Von Frau Potifars Zimmermädchen, ihr wisst schon, ich kenne sie recht gut – wird es aber anders erzählt. Es war Frau Potifar, die etwas von Josef wollte. Josef weigerte sich, ihr näherzukommen. Er ist aus dem Zimmer geflohen. Frau Potifar hatte ihn am Obergewand festgehalten und hatte es nun in der Hand.

Sprecher/in 2:
Ach, jetzt weiß ich, warum der General Josef sofort ins Gefängnis gesteckt hat. Josef war ein guter Mann, oder? Aber wie das bei uns Sklaven so ist, man hat ihn nicht einmal gefragt, wie er die Geschichte erlebt hat.

Sprecher/in 3:
Die Geschichte ist vielleicht 3000 Jahre alt. Sie erzählt von einem Übergriff gegenüber einem Mann. Die Bibel erzählt aber direkt und indirekt vielmehr von Frauen, die damals keine Rechte hatten. Sie mussten den Brüdern, den Vätern, ihren Ehemännern gehorchen.

Sprecher/in 1:
Mich bringt diese Geschichte zum Nachdenken, auch heute! Z. B. traute man selbstverständlich einer Krankenschwester zu, dass sie alle Menschen, Männer, Frauen, Kinder pflegen kann. Wenn das jetzt ein Mann lernt, dann sagt man schnell: Ach ja, es sind ja auch Männer in Spitälern und Altersheimen.

Sprecher/in 2:
Oder bei Erziehern ist man ganz schnell argwöhnisch, so wie in der biblischen Geschichte gleich Josef schuld war, ohne dass es hinterfragt wurde. Sie müssen echt um Anerkennung kämpfen.
Wir glauben, bei der Gleichberechtigung, unabhängig vom Geschlecht, haben wir uns gerade erst auf den Weg gemacht.

Klavier: Frédèric Chopin Valse op. 64, no 2 (Konfirmandin)

Predigt im Dialog

Predigerin:
Weißt du eigentlich, wie das Schweizer Frauen-Cupfinal letzten Samstag ausgegangen ist?

Prediger:
In unserer Zeitung stand nichts darüber. Aber warte mal, ich meinte, in der Zürichsee Zeitung (Lokalzeitung) war eine kleine Notiz. Ja genau, die Frauen aus Luzern haben gegen die FCZ Frauen gewonnen.

Predigerin:
Das ist wieder typisch. Über den Schweizer Fußballcup der Männer haben alle Zeitungen ausführlich berichtet. Und die EM wird überall gesehen und kommentiert. Aber die Frauen ignorieren sie geradezu.

Prediger:
Da kommen die Frauen im Alten Testament ja etwas besser weg. Alle kennen Sarah, Rebekka und Rahel ...

Predigerin:
Aber nur als Ehefrauen! Als Frauen von Abraham, Isaak und Jakob. Und dazu spielen sie oft eine negative Rolle. Auch im Neuen Testament muss man Frauengeschichten suchen. Da erzählt Lukas ausführlich, wie Petrus ein Nachfolger Jesu wird, und dann heißt es wenig später: »Und die Zwölf waren mit Jesus, auch einige Frauen ... Maria, genannt Magdalena ... und Johanna, die Frau des Chuza ... und Susanna und viele andere, die ihn unterstützten mit dem, was sie besaßen.« (Lk 8) Das ist nicht besonders viel, was hier von Frauen berichtet wird.

Prediger:
Aber eines ist doch wichtig, Jesus hat neue Maßstäbe im Umgang mit den Geschlechtern gesetzt. Die Jugendlichen haben uns das ja mit ihren Voten klar gemacht. Und dann gibt es doch noch Maria.

Predigerin:
Ja, das wurde mir erst vor kurzem so richtig bewusst: Maria ist nicht nur in der Weihnachtsgeschichte zu finden. Sie ist eine der Frauen, die bei Jesus blieben, bis zum Tod am Kreuz. Von den Männern keine Spur. Sie sind alle verschwunden. Und an Ostern waren Maria und weitere Frauen die ersten, die bemerkten, dass Jesus lebt.

Prediger:
Du hast Recht. Später werden wiederum Frauen, von denen Paulus bewundernd erzählt, kurzerhand durch Männernamen ersetzt. So wird aus Junia plötzlich ein Junias. Man wollte nicht wahrhaben, dass Paulus Frauen besonders hervorhebt, als Leiterinnen von Gemeinden und Missionarinnen, die einiges erreichten.

Predigerin:
Da fällt mir auch Lydia ein. Sie ist die erste erwähnte Person, die in Europa zum Christentum dazukommt. Es wird erzählt, dass sie eine selbstbewusste und eigenständige Frau war.

Prediger:
Aber eigentlich sollten wir nicht immer Mann und Frau gegeneinander ausspielen. In einem Text der Konfirmanden wird aus der zweiten Schöpfungsgeschichte zitiert und dass Gott den Mann nicht dazu gemacht hat, über die Frau zu herrschen und ...

Predigerin:
... und in der 1. Schöpfungsgeschichte steht es noch deutlicher: Gott schuf den Menschen als sein Ebenbild, als Mann und Frau schuf er sie. (Gen 1, 27) Das bedeutet, dass wir alle gleich sind.

Prediger:
Aber jetzt muss ich doch mal nachfragen. Was heißt denn »gleich«? Denn wir sind schon gleich, aber doch als Mann und Frau verschieden, oder?

Predigerin:
Aber in vielem sind wir gleich, an Intelligenz, Fähigkeiten, an praktischem Können und Vermögen usw.
Ich denke, »gleich« bedeutet hier, wir sind alle gleich viel wert, gleichwertig.

Prediger:
Wenn du das so sagst, fällt mir noch etwas auf. In Sachen Glauben sind es mehrheitlich Frauen, die das Christentum verbreiteten und in der Geschichte lebten und leben. Bis heute ist es doch so: Männer müssen oft cool tun. Und Glauben ist uncool.
Aber Frauen und Männer wissen, dass da noch etwas anderes ist, eine Kraft, eine Energie, Geborgenheit, der man vertrauen kann, etwas

Unverfügbares, ein Gegenüber, das mich manchmal auch von äußeren Zwängen befreit, mir Selbstsicherheit gibt, mich in mir selber mehr ruhen lässt. Das umschreiben wir mit dem Begriff Gott.

Predigerin:
Aber sind es nicht die Frauen, die besser loslassen können und vertrauen, dass Gott da ist, in guten wie in schweren Zeiten? Sie überschätzen sich vielleicht weniger und geben dem Spirituellen, das in jedem Menschen angelegt ist, mehr Raum.

Prediger:
Aber jetzt finde ich, tust du uns Männern doch etwas Unrecht. Ohne Gottvertrauen hätte ich die DDR nicht so durchgestanden und manch schwierige Situation in den letzten Jahren auch nicht.
Aber vielleicht ist das Bewusstsein, dass es unter Christen keinen Unterschied zwischen Mann und Frau geben soll, auch eine Chance.

Predigerin:
Wie meinst du das?

Prediger:
Naja, dass wir uns alle, Männer und Frauen, mehr für das Göttliche öffnen. Und überhaupt mal darüber reden und diskutieren.
Ich frage Sie als Eltern, als Pate und Patin, als Verwandte: Wann haben Sie das letzte Mal ehrlich über den Glauben diskutiert? Ernsthaft, ausführlich?
Vor Gott als Christen gleich und angenommen sein, heißt auch ehrlich und immer wieder über das Thema Glauben zu diskutieren. Nur so kann er in mir wachsen. So kann Gottvertrauen auch Kraft, Halt und Befreiung geben. Versuchen Sie das mal!
Die Konfis haben in Sachen Diskussionen zum Glauben einiges in diesem Jahr gelernt. Die unterstützen Sie dabei.

Predigerin:
Vielleicht diskutieren Sie einmal den Satz, den ich letzthin im Internet gelesen habe: »Man soll immer tun, was man kann, und für den Rest auf Gott vertrauen.«

Orgelmusik
Einführung zur Konfirmation
Vaterunser

Konfirmationsfragen

Liebe Konfirmandinnen und Konfirmanden, der christliche Glaube als Vertrauen zu Gott ist das Fundament, auf das ihr euer Leben aufbauen könnt. Der Glaube will euch Hilfe und Halt geben.
Deshalb bitte ich euch: Bleibt in der christlichen Gemeinde. Nehmt euch Zeit für den Glauben. Und nehmt eure Verantwortung als Christinnen und Christen in der Welt wahr.
So frage ich euch: Wollt ihr in diesem Glauben versuchen, euer Leben zu führen, und euch weiterhin auf die Suche nach Gott machen, so sprecht: Ja, mit Gottes Hilfe.
(Konfirmanden antworten)

Segnung
Orgelmusik
Ansprache der stellv. Kirchenpflegepräsidentin

Fürbittengebet

Sprecher/in 1:
Unser Gott,
vor dir sind wir alle gleich,
du machst keinen Unterschied zwischen Männern und Frauen,
zwischen Ausländern und Inländern,
zwischen Menschen, die so fühlen oder anders.
Du bist für uns alle da.

Sprecher/in 2:
Jesus Christus,
du hattest Männer und Frauen als Freunde und Freundinnen.
Du hast sie gleichbehandelt und bist doch persönlich auf jeden eingegangen.
Du hast neue Maßstäbe gesetzt.
Noch heute haben wir Mühe, diese zu verwirklichen.
Hilf uns, dass wir Menschen gleichbehandeln und doch auch unterschiedlich sein dürfen.

Sprecher/in 3:
Guter Geist Gottes,
du willst uns anregen,

dass wir offen und flexibel sind
und immer wieder miteinander das Gespräch suchen.
Und dass wir für Menschen da sind, die uns brauchen.

Sprecher/in 3:
So bitten wir dich für Frauen, die wegen ihres Geschlechts unterdrückt werden.
Wir bitten dich für Menschen, die unterdrückt werden, weil sie nicht der Norm entsprechen, die man gesellschaftlich erwartet.
Gib ihnen Mut, zu sich zu stehen und ihre Rechte einzufordern.
Gib uns den Mut, sie zu unterstützen.
Öffne Menschen für Gedanken und Überlegungen, die ihnen bisher fremd waren.

Sprecher/in 4:
Wir bitten dich, Gott,
dass die Konflikte in der Welt nicht mit Gewalt, sondern friedlich gelöst werden.
Wir bitten dich für die Zukunft dieser Welt, die unsere Zukunft ist.
Lass uns Acht haben auf die Menschen und auf deine gute Schöpfung.
Sei bei uns, an diesem Tag, und allen, die noch folgen werden.

Ansagen und Kollekte
Lied: Bewahre uns Gott, behüte uns Gott (EG 171)
Segen
Orgelmusik zum Auszug

Wasserbäche
Konfirmationspredigt über Psalm 1

Wolfram Braselmann

Liebe Konfirmandinnen, liebe Konfirmanden, liebe Gemeinde! Einige eurer Eltern haben mir gestern Abend diesen Baum geschenkt, einen kleinen Birnbaum – Williams Christ –, einen kleinen Obstbaum, für den ich mich noch einmal herzlich bedanken möchte, und den wir dann noch gestern Abend nach dem Abendmahlsgottesdienst hier im Chorraum hingestellt haben: dass ihr ihn alle sehen könnt, und vor allem deshalb, weil sich das so ergeben hat: Ich wollte sowieso die Predigt heute Morgen über den Psalm 1 – den Baum, gepflanzt an den Wasserbächen – halten, umso schöner, wenn wir nun auch einen solchen Baum vor Augen haben.

Ein Baum – eure Konfirmation, und was das miteinander zu tun haben kann. So miteinander zu tun haben kann: Dass ihr, jede, jeder von euch so seid: wie ein Baum, gepflanzt an den Wasserbächen. Und eine Konfirmation ein Anlass, miteinander darüber nachzudenken, wie das sein könnte: wie ein Baum sein, gepflanzt an den Wasserbächen. Denn im Grunde habt ihr es ja in diesen Jahren, die ihr bis jetzt erlebt habt, gutgehabt: herangewachsen, groß geworden, ja, so groß, wie es Konfirmanden dann sind: in einer günstigen Zeit. Einer Zeit, in der Jugendliche so viele Möglichkeiten haben, weiterzukommen, es zu etwas zu bringen. Und manchmal ist es gut, darüber nachzudenken, wie es anderen Generationen gegangen ist. Und wie gut, dass unsere Zeit – trotz mancher Sorgen – so gut für euch war. Ihr alle habt Menschen gehabt, die auf ihre Art für euch dagewesen sind, euch begleitet haben, manchmal auch Grenzen gesetzt haben, aber euch sicher oft geholfen haben. All das: wie Wasserbäche, an denen wir wachsen, gepflanzt sind. Übrigens, liebe Gemeinde, liebe Familien: auch diese Jugendlichen sind ja für uns manchmal wie Wasserbäche.

Und euer ganzes Leben: das ist es ja, was wir bei der Konfirmation feiern: Euer Leben wird so sein wie ein Wachsen, ein Wachsen auch in neue Zeiten des Lebens hinein: die Berufe, die ihr einmal haben wer-

det, die Familien, die ihr vielleicht einmal begründen werdet, die Orte, die Gruppen, die Gemeinschaften, in denen ihr leben werdet. Ihr werdet die Wasserbäche brauchen, die manches Mal von den Menschen, die ihr treffen werdet, auf euch zukommen. Und ihr werdet auch solche Wasserbäche sein können für andere, und so kann und wird euch das Leben gelingen.
Und sicher ist das auch so: Ein jeder Baum macht unterschiedliche Zeiten durch: trockene Sommer, harte Winter, ein schönes Frühjahr, was weiß ich alles. Gute und auch schwere Zeiten, und wahrscheinlich werdet ihr alle solche unterschiedlichen Zeiten erleben.
Wenn man dann doch immer das hat, was man zum Leben braucht: Wasserbäche, die Leben schenken und erhalten.

Und die Konfirmation sagt: Vor allem und zuletzt ist es der Segen Gottes, und das Vertrauen darauf: der Wasserbach, der den Baum eures Lebens am Leben erhält. Dass da einer ist, der eure Leben, gerade dies Leben gewollt und geschaffen hat: Gott der Herr, und der euch, euer Leben erhalten und begleiten wird. Das ist es, was wir an der Konfirmation feiern. Dass wir das hören und gelten lassen und darauf vertrauen, dass sein Segen euch heute gilt und weiter gelten wird.
Denn bei der Konfirmation blicken wir nach vorn, in die Zeit, die kommen wird, die Zeit eures Lebens. Und wir wissen, dass ihr euer Leben mehr und mehr selber gestalten, selber in die Hand nehmen werdet.

Konfirmation ist auch: Einüben in das Loslassen, liebe Familien. Loslassen der Generationen, einüben in den eigenen Weg ins Leben. Und dann einmal einander vielleicht aufs Neue begegnen.
Im Bild vom Baum, gepflanzt an den Wasserbächen, gesprochen: Einmal kommt der Tag, an dem ich von diesem Birnbaum dort den Stützpfahl, den er jetzt noch braucht, wegnehmen muss. Er wird und muss von allein wachsen. Und ich weiß ja: Er kann es und er wird es.

Einer bleibt, der seine Hand über ihn hält: Gott der Herr. Miteinander vertrauen wir heute einander, vor allem aber euch Konfirmandinnen und Konfirmanden dem Segen Gottes an.

Vom Leben
Konfirmationspredigt über Ps 23

Heinz Behrends

Der Spielplatz hinter der Schule ist schön. Die runde Schaukelanlage. Fünf Schaukeln im Kreis, jeder von euch besteigt eine Schaukel und dann geht's los, ihr konntet aufeinander zuschaukeln. Wie viele Schwünge brauchtet ihr, bis eure Füße sich in der Mitte berührten. Ja, geschafft. Daneben der lange Balken zum Balancieren, rechts runterkippen und wieder aufsteigen. Nicht aufgeben. Die breite Rutsche. Zu zweit herunter. Juchu, wer kann schneller?
Nebenan auf dem Fußballfeld spielen die Jungs und staunen, dass Mädchen auch einen guten Schuss draufhaben. Das frische Gras duftet in der Nase. Am Rande des Spielfeldes der kleine Bach, er plätschert. Ein paar Zweige aus dem Winter haben sich am Ufer verhakt, Gras staut sich dahinter. Versonnen kniet Paul am Ufer und löst den Stau und freut sich, wie das Wasser wieder freie Bahn hat. Ihr habt euch in Grüppchen versammelt nach dem Spiel und gerastet. Eure Schokoriegel herausgeholt und genossen. Kekse geteilt. Den Blick schweifen lassen über die Wiesen ins Tal, gegenüber das Nachbardorf, wo einige Freundinnen wohnen. Um sechs, wenn ihr das Geläut der Klosterkirche gehört habt, seid ihr nach Hause gegangen. »Tschüss, bis morgen!« Das war eure Welt, noch nicht lange her, fünf Jahre sind das, als ihr noch zur Grundschule gegangen seid.

»Er weidet mich auf einer grünen Aue«: so fängt es an, das Leben. Ein begrenzter Raum, in dem ihr euch bewegt habt. Als Kind erlebt man ihn unglaublich weit. Und »führet mich zum frischen Wasser«. Fließendes Wasser. »Alle Flüsse fließen ins Meer, doch das Meer wird nicht voll«. Pralles Leben.
Nun seid ihr keine Kinder mehr. Eure Festkleidung für heute habt ihr euch selbst ausgesucht, keine Kindersachen mehr. Ein wunderbarer Tag heute, Übergang von den grünen Auen eurer Kinderzeit in einen neuen Abschnitt.

Noch stehen zwei oder vier Jahre Schule aus. Einige von euch wissen schon, was sie einmal machen wollen. »Ich werde Stewardess«. »Ich will Kinderärztin werden«. »Ich mach was mit Computern«. »Ich werde Erzieher. Da werden Männer gesucht«. Noch ist Zeit, aber in Gedanken bereitet ihr euch vor, dass es heißt: »Er führet mich auf rechter Straße«. Vielleicht noch ein Umweg über einen Friedensdienst in Polen oder Frankreich, aber dann in die Ausbildung.
Geradeaus. Abschied von zuhause. Türen gehen auf. Hinaus. Am Straßenrand stehen Schilder zur Orientierung. »Du wirst Gott lieben und den Nächsten wie dich selbst.« »Selig sind die Barmherzigen.« All die guten Worte, die ihr im Unterricht gehört habt.
Und wenn ihr euch dann wie eure älteren Geschwister am Tag vor Weihnachten am Marktplatz trefft und einer von euch erzählt, dass er im Graben gelandet ist, dann hört ihr zu und helft ihm auf.

Ihr merkt schon, der Psalm 23, das Einzige, was ihr auswendig lernen musstet, beschreibt den Lebensweg eines Menschen. Ein feines Verhältnis mit Gott ist das. Ich und du durch alle Situationen. »Und ob ich schon wanderte im finsteren Tal … du bist bei mir«.

Jetzt bist du 32. Sieben Jahre warst du mit ihm zusammen. Und dann ist es aus. Die Liebe ist verbraucht. Selbstzweifel kommen hoch. »Habe ich nicht genügt? War ich egoistisch? Bei der nächsten Beziehung werde ich aber vorsichtiger sein, skeptisch. Ich möchte nicht wieder so verletzt werden.« Einige Eltern können davon viel erzählen.
Finstere Täler. Meine Frau und ich haben jedes Jahr Urlaub in Frankreich gemacht, in der Provence, dort kann man in einer tiefen Schlucht wandern, ein Bach fließt dort unten, man schaut rechts und links die Felswand hoch, 30 m hoch. Gorges du Verdon. Kein Sonnenstrahl erreicht das tiefe Tal. Es ist kalt, selbst im Juli.
»Ich fürchte kein Unglück«. Du gehst hindurch und kletterst wieder hoch, weil du leben willst. »Dein Stecken und Stab trösten mich«. Der Psalm erzählt ja von dem guten Hirten. Er hat einen Stock mit scharfer Spitze in der Hand und vertreibt die wilden Tiere, wenn sie die Schafe bedrohen. Die Ängste. Ja, so ist Gott. Du bleibst nicht im tiefen Tal.

»Du bereitest vor mir einen Tisch«. Der Tisch. Konfirmation ist Fest der Gemeinde und der Familie. Weihnachten ist Fest der Familie. Da

kommt ihr nach Hause. Ich freue mich, wenn ich viele von denen, die vor Jahren konfirmiert wurden, Heilignacht in der Christmette sehe. Wiedersehen, nach Hause kommen. Und dann sitzt ihr alle miteinander am Tisch. Vielleicht ist ja jemand in der Familie dazu gekommen, Mutter hat sich neu verliebt. Und er gehört dazu. Am Tisch ist Leben, wir tauschen uns aus, essen und trinken. Wir gehören zusammen.
»Im Angesicht meiner Feinde«. Ja, im vertrauten Zuhause darf auch vom Scheitern erzählt werden. Von den Ängsten, den Bedrohungen.

Wir leben von dieser Nähe. Von den Berührungen. Wie haben wir das in den Corona-Jahren vermisst, die Hand geben, in den Arm nehmen! Unser Psalm weiß darum. »Du salbest mein Haupt mit Öl«. Wenn es ganz gut werden soll, dann lasse ich meiner Frau ein heißes Bad ein, stelle eine Kerze daneben, ein Glas Sekt, und hinterher massiere ich ihren Rücken mit duftendem Öl. Lavendel. Wir lieben ja den Süden Frankreichs.
Berührt werden, die Haut. Berührt durch Worte. Das werdet ihr immer brauchen.

»Und schenkest mir voll ein«. Du bist stark seit den grünen Auen und kennst deine Schwächen. Das Glas ist nie halb leer, sondern immer halb voll, wenn nicht ganz voll. Leben ist schön.

Ja, und dann wirst du alt. Großmütter und Großväter sind heute Morgen hier. Sie freuen sich über euch. Sie schauen zurück, sehen euch noch im Kinderwagen, auf dem Spielplatz, am ersten Schultag mit der großen Tüte, später die Gespräche über eure beruflichen Entscheidungen, vielleicht ein Enkelkind auf dem Arm. Erinnern. Vergegenwärtigen, die alten Bilder in die Gegenwart holen.
»Gutes und Barmherzigkeit werden mir folgen mein Leben lang«. Ein tolles Bild. Das Gute folgt mir, es geht nicht voran. Ich sehe es erst, wenn ich mich unterwegs umdrehe und hinschaue. »Ach, da seid ihr ja, all das Gute, was ich im Leben gehabt habe.« Und die Barmherzigkeit. Viel Verständnis von Menschen erfahren, wenn ich falsch lag.

»Ich werde bleiben im Hause des Herrn immerdar«. Ja, am Ende ist es immer die Sehnsucht, Sehnsucht nach zuhause. Den Ort, wo ich

sein kann, wie ich bin, wo ich mich nicht verstellen muss. Mich nicht anstrengen muss, jemand zu sein. Einfach relaxen, niederlassen.
Wir glauben, am Ende, da ist das Zuhause. Gott sagt: »Da bist du ja«.

Aber da sind wir heute noch lange nicht. Die grüne Aue liegt ja gerade erst hinter euch. So geht denn nun mit Gott. Der Raum unserer Kirche wird immer die Kirche eurer Konfirmation sein. Ein Abbild vom Hause Gottes, Licht, starke Säulen, bergendes Gewölbe, und hier vorne der Altar mit dem Kreuz, dahinter das Licht. Hinter jedem Leid leuchtet die Hoffnung.

Bleibt behütet. Geht mit Gott.

Ist da jemand?
Konfirmationspredigt über ein Lied von Adel Tawil und Ps 139,5

Michaela Deichl

Liebe Konfirmandinnen und Konfirmanden, liebe Festgemeinde! Wenn ich an die Konfirmandenzeit zurückdenke, dann ist mir eines von Anfang an deutlich in Erinnerung: Ihr habt mich mit Fragen gelöchert! Zu jedem Thema und darüber hinaus. Und ich habe immer wieder gemerkt, wie viele Gedanken ihr euch macht und wie wichtig es euch ist, Antworten zu finden. Wie ist das mit der Dreieinigkeit Gottes? Wie kann ich merken, dass Gott da ist? Was will er von uns und was schenkt er uns?
Bei meinen Überlegungen zur Predigt ist mir ein Lied vor die Füße gefallen. Ich habe es gehört und sofort gewusst: das passt! Das Lied heißt »Ist da jemand?« von Adel Tawil. Wir werden es jetzt gemeinsam hören. Der Text liegt auch dem Gottesdienstprogramm bei. Wer es kennt, kann gerne auch mitsingen.

Lied wird eingespielt

Am Anfang wird eine Grundstimmung beschrieben. Du bist allein. Der Weg ist voller Hindernisse. Alles ist schwer und farblos. Eine Stimmung, in der wir vielleicht auch manchmal sind. Wenn wir nicht so recht wissen, wie es weitergehen soll und wie wir die nächsten Tage überstehen sollen. Oder wenn wir uns vielleicht sogar fragen, ob es überhaupt wieder hell wird in unserem Leben. Gerade in solchen Momenten geht unser Blick dann vielleicht zum Himmel, so wie es in dem Lied beschrieben ist. Der Himmel, als Symbol oder als Bild für Gott. Sozusagen ein Zeichen seiner Anwesenheit, oder der Ort, an dem wir ihn uns am besten vorstellen können. Unser Blick geht dann über das hinaus, was ganz in unserer Nähe ist.

Ist da jemand? Und von diesem Jemand – von Gott – wünschen wir uns auch noch bestimmte Dinge. Er soll unser Herz verstehen, bis ans Ende mitgehen, an uns glauben, uns trösten und sicher nach Hause bringen. Und uns auch noch brauchen.
Das sind Wünsche, die wir wahrscheinlich gut verstehen können. Ganz normale, menschliche Wünsche. Wir brauchen jemand, der für uns da ist. Und das Gefühl selbst gebraucht zu werden, ist oft wichtig, weil es unserem Leben ein Stück Sinn gibt. Wir brauchen jemanden, der uns tröstet und der an uns glaubt, auch wenn wir in manchen Zeiten nicht an uns selbst glauben können.

Hinter diesem Wunsch steckt das Wissen, dass wir zwar vieles tun und machen und wollen können. Aber letztlich haben wir unser Leben nicht in der Hand. Es gibt Momente, da stoßen wir an unsere Grenzen. Da wissen wir nicht, wie es weitergehen soll. Da geht uns die Kraft aus. Und was dann?
Natürlich ist es gut, wenn wir uns schon in Zeiten mit Gott beschäftigen, in denen es uns gut geht. So wie ihr das in der Konfirmandenzeit getan hat. Wenn es uns gut geht und unser Leben einigermaßen im Lot ist, dann fällt es in der Regel leichter, sich mit Gott auseinanderzusetzen. In der Konfirmandenzeit habt ihr euch mit Gott und mit dem Glauben auseinandergesetzt. Manche eurer Fragen sind beantwortet worden, manche vielleicht auch offengeblieben oder ohne eindeutige Antwort. Neue Fragen werden sich wahrscheinlich irgendwann auftun. Aber ihr habt eine Grundlage, auf die ihr zurückgreifen könnt. Und das ist wichtig, gerade dann, wenn eure Stimmung so ist wie in dem Lied. Gerade dann tut es gut, auf etwas zurückgreifen zu können, das man schon kennt. Also auf Gott zurückgreifen zu können, mit dem ihr schon auf die eine oder andere Art Erfahrung gemacht und vielleicht auch Vertrauen entwickelt habt.
Dann könnt ihr zwar auch die Frage stellen: Ist da jemand? Weil es immer mal Zeiten gibt, in denen wir uns vergewissern müssen. Ist Gott wirklich da und kümmert sich um uns? Aber wir fragen aus einer anderen Grundhaltung heraus. Wenn ihr schon mal erlebt habt, dass Gott für euch da gewesen ist, dann wird es leichter, ihn wiederzufinden und das zu sehen, was er euch zeigen will und wie er euch helfen will.

Das Lied macht im zweiten Teil eine schöne Wende. Es beschreibt, dass vieles von allein kommt, wenn wir nicht mehr danach suchen. Weil hinter jeder neuen Tür die Sonne wieder scheinen kann. Damit können und dürfen wir rechnen. Vieles kommt von allein, das bedeutet, dass wir manchmal auch unsere eigenen Pläne hintanstellen müssen. Wenn wir verkrampft und verzweifelt nach etwas suchen, nach einer Antwort oder nach Gott. Und uns am Ende in einer Idee verbeißen, z. B. wo und wie wir Gott finden können. Dann führt das oft nicht zum Ziel. Nicht mehr suchen beinhaltet, sich zu öffnen und zu vertrauen, dass Gott euch findet und dass er jeden Tag neu die Sonne aufgehen lässt, auch wenn es vielleicht im Augenblick dunkel aussieht.

Wenn ihr Gott vertraut, dann verändert sich etwas in euch. Es hat was mit Neu-Werden zu tun und mit einem neuen Lebensgefühl. Mit dem Gefühl: Ich bin nicht allein. Es gibt jemanden, der für mich da ist. Und zwar immer und überall. Dann wird es in euch nicht nur die eine, sondern auch die andere Stimme geben. Nicht nur die Stimme, die fragt: Ist da jemand, der mein Herz versteht? Der mit mir bis ans Ende geht? Sondern auch die andere Stimme, die euch sagt: Ja, da ist jemand, der dein Herz versteht und der mit dir bis ans Ende geht.

Und so wird praktisch aus einem Fragezeichen ein Ausrufezeichen. Auf die Frage »Ist da jemand?« sagt die Stimme in euch: »Ja, da ist jemand!« Weil ihr mit ihm schon Erfahrungen gemacht habt und euch erinnert: Da war doch was ... da war doch jemand ... da ist doch wirklich jemand ...
Dunkelheit und Angst und Unsicherheit verwandeln sich in Geborgenheit und Trost und Vertrauen und Hoffnung. Egal was kommt, denkt immer daran: Da ist jemand, der euer Herz versteht, der an euch glaubt. Einer, der euch mehr zutraut, als ihr selbst euch manchmal zutraut. Er tröstet euch, lässt sich finden. Er lässt euch finden, was ihr sucht. Und vor allem lässt er euch nicht irgendwann allein weitergehen, sondern er geht bis ans Ende mit.

Es gibt einen Psalmvers, den ich euch gerne mitgeben würde, weil er genau daran erinnert: »Von allen Seiten umgibst du mich und hältst deine Hand über mir.« (Ps 139,5) Das ist ein schönes Bild dafür, dass Gott überall um euch herum und um uns herum ist und schützend seine Hand über uns hält. Ein Bild, an das wir uns erinnern können, wenn es uns gerade so geht wie am Anfang des Liedes. Der Psalm lädt ein, sich dann für Gott zu öffnen und darauf zu vertrauen, dass er Geborgenheit und Trost schenkt und Hoffnung und neue Möglichkeiten.

Und das wünsche ich euch für die Zeit nach eurer Konfirmation: dass ihr weiterhin vieles fragt und hinterfragt und dass ihr Antworten findet. Vor allem aber wünsche ich euch, dass ihr eure Herzen öffnen könnt und darauf vertraut, dass Gott euch hilft, eure Wege zu finden, und euch dabei begleitet. Denkt immer daran: Egal was ist und sein wird – da ist jemand, der euch versteht, der an euch glaubt, der euch den Schatten von der Seele nimmt und euch nach Hause bringt. Er ist immer da. Aber besonders dann, wenn ihr ihn am meisten braucht.
Da ist jemand. Da ist Gott, der euch von allen Seiten umgibt und seine schützende Hand über euch hält.

Reise
Konfirmationspredigt über Apg 8,26–39

Francesco Cattani

Reisende soll man nicht aufhalten – so lautet ein bekanntes Sprichwort. Vermutlich weil Reisende ein Ziel vor Augen haben, das sie rasch erreichen möchten. Den ersehnten Sandstrand mit Palmen und glasklarem Wasser vielleicht, um in den kostbaren Ferientagen dem Alltagsstress zu entfliehen. Vielleicht aber auch einfach das eigene Zuhause, wenn man nach langer und anstrengender Geschäftsreise heimkehrt. Oder möglicherweise einfach auch irgendein Land, in dem man sich eine Zukunft aufbauen möchte, nachdem man aus der eigenen Heimat fliehen musste.

Reisende soll man nicht aufhalten – weil sie nicht einfach aus Spaß reisen, sondern weil sie möglichst rasch von A nach B kommen wollen. Weil sie ein bestimmtes Ziel vor Augen haben.

Im eben gehörten Fall des königlichen Beamten ist dieses Ziel Äthiopien. Das ist seine Heimat, dort verwaltet er die Schatzkammer der Königin. Nach Jerusalem ist er lediglich gekommen, um dort Gott anzubeten. Den Gott der Juden und Jüdinnen.

Er ist also selbst ein Fremder, der aus dem Ausland nach Jerusalem in den Tempel gekommen ist. Noch dazu ein Eunuch, ein kastrierter Mann. Das erstaunt, waren Eunuchen für gewöhnlich eigentlich ausgeschlossen vom Tempelkult. Außenseiter, mit denen niemand verkehren wollte.

Dieser namenlose Beamte nun ist auf dem Heimweg, auf der staubigen Straße, die von Jerusalem nach Gaza führt. Auf dem Schoß eine Schriftrolle des Propheten Jesaja, die er im Tempel erworben hat. Gemächlich, aber stetig rollt sie dahin, die pompöse königliche Karawane. Doch auf einmal kommt sie zum Stillstand. Auf Geheiß Gottes hin hat sich Philippus in den Weg gestellt.

Reisende soll man nicht aufhalten – Gott scheint das Sprichwort nicht zu kennen oder zu ignorieren.

Liebe Konfirmandinnen und Konfirmanden, liebe Festgemeinde! Aufgehalten wurden wir alle in den letzten Monaten, und es kam zu einem speziellen, zwangsverordneten Stillstand. Der gewohnte Alltag kam gewaltig ins Stocken und wurde durcheinandergewirbelt. Homeoffice und Homeschooling wurden verordnet. Bars, Clubs und Restaurants mussten ihre Türen schließen. Ferienpläne mussten abgesagt werden, an Ostern und überhaupt gab's keine Gottesdienste und der Konfirmationsunterricht wurde gestrichen. Und – wohl noch schlimmer als der ausgefallene Unterricht – das Konfilager im Tessin, jeweils ein Highlight des Konfijahrs, fiel ins Wasser.
Keine Frage: Wir alle wissen nun sehr genau, was es bedeutet, wenn die eigenen Pläne und Sicherheiten auf einmal durchkreuzt werden. Wenn das Leben nicht einfach gemächlich, aber stetig weiterrollen kann. Und für viele wurde in dieser Zeit klar, was sonst oft gerne verdrängt wird: nämlich, wie fragil und unkontrollierbar das Leben eigentlich ist. Es braucht nicht viel, und plötzlich ist sie da, die große Unterbrechung. Und die Lebensreise kommt zu einem abrupten Halt. Reisende soll man nicht aufhalten – das Leben scheint das Sprichwort nicht zu kennen oder zu ignorieren.

Kehren wir zurück in den Süden vor beinahe 2000 Jahren, auf die Straße, die von Jerusalem nach Gaza führt. Die Karawane des äthiopischen Beamten ist also zum Stillstand gekommen. Eine ungeplante Unterbrechung – für den Hofbeamten aber durchaus auch eine gewinnbringende! Philippus hört ihn aus der Schriftrolle des Propheten Jesaja lesen und will wissen, ob er denn überhaupt begreife, wovon was darin die Rede sei.
»Wie soll ich es verstehen, wenn mir niemand hilft?« antwortet der Beamte und bittet Philippus kurzerhand zu sich. Der setzt sich bereitwillig neben ihn, und es kommt wieder Bewegung in die Karawane. Ein starkes Bild: Die eben unterbrochene Reise wird fortgesetzt, doch nun sitzt Philippus neben dem Eunuchen. Gemeinsam lesen sie nun in der Schriftrolle und kommen ins Gespräch, reden über Sinn und Bedeutung des Textes, betreiben Theologie miteinander.
Manchmal geht das gemeinsam besser als alleine, und manchmal hilft es, wenn einer wie Philippus dabei ist, der schon das eine oder andere Know-how mitbringt.

Gemeinsam ein Stück des Weges zurücklegen. Dabei über sich selbst, über Gott und die Welt nachdenken und diskutieren. Sich von anderen Ansichten und Meinungen inspirieren lassen – aber auch lernen, Verschiedenheiten anzuerkennen und zu akzeptieren. Sich Gedanken darüber machen, was einem selbst glaubwürdig erscheint.
All das haben wir miteinander gemacht, liebe Konfirmandinnen und Konfirmanden. Und zwar nicht nur im Konfijahr, sondern bereits seit der zweiten Primarschulklasse, als für die meisten von euch der kirchliche Religionsunterricht begonnen hatte. Es war eine lange Reise, die mehrere Jahre dauerte. Vermutlich wart ihr manchmal weniger, manchmal mehr motiviert. Aber ihr habt sie gemacht und seid bis zum Ende, bis zur heutigen Konfirmation mitgegangen.
Auf dieser gemeinsamen Reise ging es nie darum, euch zu sagen, was ihr zu glauben habt und welche Inhalte denn nun wahr sind. Sondern es ging darum, miteinander diese manchmal schwierigen biblischen Texte und Themen kennenzulernen. Zugänge zu finden zur Bibel, die manchmal ein Buch mit sieben Siegeln sein kann. Es ging darum, dass ihr – jede und jeder von euch – eine eigene Sprache findet, um auszudrücken, was für euch glaubwürdig ist.
Um im Bild aus dem heutigen Bibeltext zu bleiben: Nebeneinander sind wir gesessen und legten ein Stück des Weges miteinander zurück. Auf unserem Schoß hatten wir Glaubensfragen, Lebensthemen, kirchliche Tradition und biblische Texte ausgebreitet.

Dieses gemeinsame Stück des Weges endet heute, mit eurer Konfirmation. Ihr werdet danach nie wieder eine Einladung zum kirchlichen Unterricht erhalten. Ihr seid ab heute erwachsene Christinnen und Christen, steht auf eigenen Beinen und entscheidet selbst, wie viel Kirche und Glaube ihr in eurem Leben braucht und wollt. Und ihr selbst könnt nun mit anderen ein Stück Weg zurücklegen und sie begleiten. Z. B., wenn ihr Pate oder Patin eines kleinen Kindes werdet und bei der Taufe Ja sagt, dieses Kind zu begleiten und mit den christlichen Themen vertraut zu machen.
Dabei müsst ihr übrigens gar nicht alle Antworten auf jede Frage kennen. Die haben nicht einmal Pfarrerinnen und Pfarrer und Mitarbeitende der Kirche. Was für euch heute die Konfirmation ist, das war für den Eunuchen auf der staubigen Landstraße von Jerusalem nach Gaza die Taufe. Philippus und der Hofbeamte haben ein Stück des Weges

gemeinsam zurückgelegt, über den Glauben geredet und nun kommt diese Reise auch langsam zu einem Ende. Und der Eunuch will wissen: »Sieh doch, dort ist eine Wasserstelle. Spricht etwas dagegen, dass ich getauft werde?« Beide, Philippus und der Eunuch, steigen ins Wasser, und Philippus tauft ihn.
Unter den ersten Christinnen und Christen, zu denen auch Philippus gehörte, verstand man die Taufe als ein Aufnahmeritual. Im Gegensatz zur heutigen Praxis wurden in der Alten Kirche hauptsächlich erwachsene Personen getauft. Der Taufe voraus ging ein Unterricht, in dem Täuflinge in die wichtigsten Themen und Inhalte des christlichen Glaubens eingeführt wurden. Mit der Taufe galt dieser Unterricht als abgeschlossen, und die Getauften waren nun mündige Mitglieder der Kirchgemeinde.
Ganz ähnlich ist es mit eurer Konfirmation heute: Sie markiert das Ende eures Unterrichts und macht euch zu mündigen Mitgliedern der Kirchgemeinde. Aber da ist noch mehr: Die Konfirmation kann euer Ja sein zu dem Ja, das damals eure Eltern bei eurer Taufe gegeben haben. Ein Ja, das besagt: Ich kann mit dieser Kirche und dieser Gemeinschaft etwas anfangen. Ich will mich selber mit Glaubensfragen beschäftigen und Antworten finden. Ich darf mir selber meine Gedanken machen zu Glauben und Gott.

Aber er setzte seinen Weg voller Freude fort. – So lautet der letzte Satz des Predigttextes. Philippus ist kurz nach der Taufe verschwunden. Der Eunuch aber kann seine Heimreise nun fröhlich fortsetzen.
Liebe Festgemeinde, liebe Konfirmandinnen und Konfirmanden! Dem Beispiel des Philippus bewusst nicht folgend wird sich die Kirche nicht einfach in Luft auflösen für euch. Alle Mitarbeitenden und ich, wir bleiben da. Vielleicht am Wegrand, unterstützend und beratend hie und da. Offen für eure Fragen und Themen. Ich weiß, wie es bei mir war, damals nach der Konfirmation: Kirche und Gott standen nicht gerade zuoberst auf meiner Prioritätenliste. Aber ich wusste, dass die Kirche da war, wenn ich etwas benötigte. Dass die Kirche am Weg ist. Und als ich dann tatsächlich mit Fragen und Anliegen kam, da wurde ich ernstgenommen. Und ich hoffe, das wird auch eure Erfahrung sein. Wir sind da für euch, wenn ihr jetzt euren Weg voller Freude fortsetzt.

Der unbeirrbare Sämann
Konfirmationspredigt

Kurt Rainer Klein

Mit fünfmonatiger Verspätung feiern wir heute eure Konfirmation. Für uns alle ist dies ein Jahr, wie wir es noch nie erlebt haben. Im Frühjahr, Anfang März waren wir noch in Mainz Bowlingspielen, Pizzaessen und haben uns anschließend in Schornsheim gemeinsam einen Film angeschaut. Von Mitte März an gab es keine Konfirmandenstunde und auch keinen Gottesdienst mehr. Lockdown, Begegnungsvermeidung, Coronaschutz.
Schließlich konnte weder eure Vorstellung noch eure Konfirmation stattfinden, weil Gottesdienste untersagt waren. Plötzlich war auch keine Schule mehr. Dass die Schule ausfällt, mag jederzeit ein legitimer Schülerwunsch sein. Aber über Wochen und Monate zuhause bleiben müssen, keine Freunde treffen, keine Veranstaltungen besuchen, ist auch für euch eine starke Belastung gewesen.

In solchen Zeiten mag ein gewisses Maß an Ungezwungenheit auf der Strecke bleiben. Mit einem Male kann man sich nicht mehr frei bewegen und treffen, mit wem man will. Man muss aufpassen – auf sich und andere. Hygieneregeln befolgen – in der Schule und wo auch immer. Abstand halten und keinem zu nahekommen. Mund-Nasen-Schutz tragen und tief durchatmen. Das fordert von euch ein hohes Maß an Disziplin.
Dabei ist jetzt die Zeitspanne in eurem Leben, wo ihr euch so langsam von euren Eltern abnabeln wollt. Es ist die Zeit eurer Selbstfindung, die damit einhergeht, dass ihr für euch Neues ausprobieren möchtet. Was geht, was ist möglich? Was kann ich, was darf ich? Was muss ich gegenüber meinen Eltern dursetzen, was lasse ich mir nicht mehr verbieten? Es ist ein ständiges Kämpfen um Freiräume und Zugeständnisse.

In all diesen Auseinandersetzungen, die nicht ausbleiben werden, wird Vertrauen eine große Rolle spielen. Der Weg in die Freiheit ist nur im

Vertrauen möglich. So stellt sich immer wieder die Frage: Kann man euch vertrauen, dass Abmachungen eingehalten werden? Kann man euch zutrauen, dass ihr eure Grenzen erkennt und euch nicht überschätzt? Kann man euch Verantwortung übertragen und anvertrauen?

Jesus erzählte seinen Zuhörerinnen und Zuhörern immer wieder Gleichnisse. Eins davon ist das wunderbare Gleichnis vom unbeirrbaren Sämann.
Da ging ein Sämann aus, seinen Samen zu säen. Aber einiges von dem, was er säte, fiel auf den Weg und wurde zertreten, Vögel kamen und fraßen's. Anderes fiel auf steinigen Boden. Im Aufgehen verdorrte die Saat, weil es an Feuchtigkeit fehlte. Etliches fiel mitten unter die Dornen. Die Dornen gingen mit auf und erstickten die Saat. Aber ein Teil der Saat fiel auch auf gutes Land, ging auf und trug hundertfache Frucht.

Bei allen guten Vorsätzen und in bester Absicht ist es so, dass nicht immer alles gelingt. Ihr habt bestens gelernt für eine Klassenarbeit. Aber am Ende kommt nur »mangelhaft« heraus. Ihr habt euren Eltern versprochen, zu einer bestimmten Urzeit zuhause zu sein, aber dann ist es doch später geworden. Ihr nehmt euch vor, gewissenhafter mit eurer Zeit umzugehen, aber dann nimmt die Trödelei doch überhand.

Vom guten Willen geht etliches verloren. Etliches stößt an unüberwindbare Grenzen. Etliches wird von unerwarteten Dingen überlagert, sagt Jesus. So ist das im Leben. Das ist nun mal die Wirklichkeit. Und es ist wichtig, das auch zu erkennen, damit man sein Selbstvertrauen behält. Um sich zu hüten vor überzogenen Erwartungen. Um sich zu schützen vor unmöglichen Forderungen. Um sich zu verwahren vor unerwarteten Einflüssen.
Wir neigen dazu, mehr dahin zu schauen, wo etwas misslingt. Das ist eine Art Schutzfunktion, die in uns eingebaut ist. Aber es lohnt sich, auf das zu schauen, was gelingt. Und so erzählt Jesus: »Und anderes fiel auf das gute Land; und es ging auf und trug hundertfach Frucht.« Welch ein Wunder, welch ein Glück, wenn dem guten Willen Erfolg beschieden ist und sich das auch zeigt.

Liebe Konfirmanden, seid so unbeirrbar wie der Sämann in Jesu Gleichnis: Lasst euch nicht beirren von Misserfolgen, lasst euch lieber ermutigen von dem, was euch gelingt. Lasst euch nicht ängstigen von den Anforderungen, die auf euch einstürmen, vertraut auf eure Fähigkeiten und Gottes Beistand. Lasst euch nicht einschüchtern von irgendeinem Gerede, erblickt eure Möglichkeiten und reift in eurem Selbstbewusstsein.

Liebe Konfirmanden, nehmt dieses wunderbare Gleichnis vom unbeirrbaren Sämann aus eurer Konfirmandenzeit mit hinein in euer Leben. Erinnert euch immer wieder daran, besonders, wenn es mal nicht so gut läuft. Schaut auf das Mögliche, das ihr ausstreut. Schaut auf euer Selbstvertrauen, das wachsen wird. Schaut auf das Gute, das gelingen kann. Gott gebe euch dazu seinen Segen!

Unglaublich wunderbar
Konfirmationsgottesdienst mit Ps 139,14 und den Peanuts

Christoph Kock

Musik zum Einzug: March for Leo (Simon Clark, 2009 für Orgel)

Begrüßung
Liebe Festgemeinde, herzlich willkommen zum Konfirmationsgottesdienst hier in der Friedenskirche! Von nah und fern sind Menschen gekommen, um eure Konfirmation zu feiern, liebe Konfirmandinnen und Konfirmanden. Heute antwortet ihr auf Gottes Ja, das wir mit der Taufe feiern. Ihr bekräftigt, dass ihr dazu gehört – zu der Gemeinschaft, die Christinnen und Christen über Grenzen hinweg verbindet. Ihr werdet euren Weg gehen. Dafür bekommt ihr Gottes Segen zugesprochen.

Lied: Danke (EG 334)

Votum

Psalmgebet: Ps 119,105–116f (EG RWL 752.3)

Liturg. Abschluss: Ehre sei dem Vater (WortLaute 23)

Gebet
Gott, du meinst es gut mit uns. Dir wollen wir vertrauen. Das ist oft schwierig. Denn viele Stimmen dringen auf uns ein. Lass uns deine Stimme heraushören, wie du uns Wege zeigst, auch wenn wir keine mehr sehen. Wege, die wir selber gehen können und auf denen wir mit anderen unterwegs sind. Lass uns geborgen sein bei dir, in dem weiten Haus deiner Güte. Durch Jesus, unseren Herrn und Bruder.

Lesung: Mt 5,3–10 (Gute Nachricht)

Lied: Lobe den Herren (EG 447,1.2.6.7)

Predigt über Psalm 139,14

Linus glaubt an sich
»Peanuts.« Kleinigkeiten. So heißen die Cartoons mit Charlie Brown und seinen Freunden. Eine Folge findet sich vorne auf dem Gottesdienstprogramm. Der Titel täuscht. Im Gespräch zwischen Charlie und Linus geht es keineswegs um Kleinigkeiten. Hier klingt eine der ganz großen Fragen an, mit denen man schlaue Leute lange beschäftigen kann: Wozu bin ich auf der Welt? Linus stellt fest: Heute ist diese Welt besser dran als vor fünf Jahren. Wie naiv ist das denn! Charlie Brown formuliert den Widerspruch, der sich sofort einstellt: Schau Nachrichten, du Dummerchen. Die Welt geht den Bach herunter. Aber Vorsicht, Charlie Brown: Der Junge mit der Schmusedecke wird gern unterschätzt. Linus schaut nicht auf die Nachrichten, sondern auf sich selbst: Mit mir ist die Welt besser dran als ohne mich. Ich habe diese Welt verbessert. Wer glaubt das denn? Linus tut es. Er glaubt an sich. Und wir können nur hoffen, dass er sich diese Sicht der Dinge beim Erwachsenwerden bewahrt. Ich bin dazu da, um diese Welt zu verbessern. Mit mir ist die Welt besser dran als ohne mich.

Ich glaub an dich! Aylin lernt reiten
Aylins Mutter ist vor zwei Jahren gestorben. Jetzt sind sie allein hier in Deutschland: Ihr Vater, ihr kleiner Bruder und sie. Ihr Vater arbeitet als Tagelöhner. Morgens steht er am Großmarkt. Dort wartet er darauf, dass ein Kleinbus hält und ihn mitnimmt zu einer der Baustellen in der Stadt. Schwarzarbeit, schlecht bezahlt. Aylin muss ihren Bruder von der KiTa abholen, einkaufen, kochen. Seit ihre Mutter tot ist, läuft der Fernseher beim Abendessen. Die Stille wäre unerträglich.
Aylin zieht sich in sich selbst zurück. In ihrer Klasse gilt sie als Freak. Alle nennen sie Psycho. Wenn in Sport Teams gewählt werden, bleibt sie als letzte übrig. Wer will schon einen Psycho in seiner Mannschaft. Dass sie ihre Hausaufgaben nicht gemacht hat, überrascht hier keinen. Tag für Tag wird sie beleidigt, angerempelt, provoziert. Als Chantal ihr vor allen mit voller Absicht einen Kaffeebecher auf die Hose schüttet, rastet Aylin aus. Sie schlägt Chantal nieder, prügelt auf sie ein.

Der Jugendrichter verhängt Sozialstunden. Aylin muss sie auf einem Reiterhof ableisten. Sie gerät in eine fremde Welt. Scheint verloren zwischen Misthaufen, Schubkarre und der schroffen Hofbesitzerin Iris. Und doch fühlt Alyin sich magisch angezogen vom wilden Islandpferd Hördur. Es ist der Beginn einer ungewöhnlichen Freundschaft, denn Aylin entdeckt dabei gegen alle Widerstände eine ganz besondere Gabe: das Reiten. Iris erkennt Aylins Talent und fördert es. Auch als Aylin Rückschläge hinnehmen muss und frustriert aufgeben will, lässt Iris nicht locker: »Ich glaub an dich, Aylin. Du schaffst das.« Diesen Satz hört Aylin zum ersten Mal. Endlich. »Ich glaub an dich. Du schaffst das.«

Ich glaub an dich! Worte, die wirken

»Ich glaub an dich. Du schaffst das.« Worte, die wirken. Das erlebt die Klasse, als Aylin ihren längst überfälligen Aufsatz vorliest.

»Als meine Mutter vor einem Jahr gestorben ist und wir sie in die Türkei gebracht haben, zur Beerdigung, da habe ich angefangen zu träumen. Meistens kann ich mich nicht an meine Träume erinnern, ich träume wenig. Aber ein Traum kehrt immer wieder.

Ich fliege durch Gestrüpp, durch dunkle Äste und Blätter und ich weiß: Wenn du jetzt aufhörst zu träumen, dann wird alles so bleiben wie immer, wird alles an den gleichen Punkten scheitern wie immer, dann wirst du es nicht schaffen wie immer, wird dein Leben so klein bleiben wie immer, zwischen Bett und Raufasertapete dein einziger privater Raum. Wenn du jetzt aufhörst zu träumen, dann wird alles so laut sein wie immer, so brüllend laut, so lärmend laut, wenn es nur einmal still wäre.

Es ist die Stille, die Angst macht, die meiner Familie Angst macht, die meinen Nachbarn Angst macht, die mir bis vor kurzem Angst gemacht hat. Angst über dieses Leben nachzudenken, ohne Träume, die jemals wahr werden. Ich glaube an dich, das ist der Satz, der den Unterschied macht.«

Kein blöder Spruch ist zu hören. Kein Kommentar. Keiner quatscht mit dem Nachbarn. Es ist still. Aylin bekommt volle Aufmerksamkeit. Die Klasse hört ihr zu. Zum ersten Mal. Die anderen sind beeindruckt, weil Aylin in Worte fassen kann, was sie bewegt. Gedanken, die etlichen bekannt vorkommen. Und dann ist da dieser eine Satz und die Frage, wie weit und wie viel er trägt.

»Ich glaube an dich, das ist der Satz, der den Unterschied macht. Ich kenn das Gefühl, dass alle dastehen und drauf warten, dass du verlierst, dass dein Leben eine Abfolge von Nieten ist, von Nieten und selten mal zehn Punkten. Ich glaube an dich, das ist der Satz, der den Unterschied macht.
Und wenn du es wagst, einmal nicht aufzuwachen? Wenn du es wagst, den Traum weiter zu träumen? Denkst du, du bist dann was Besseres? Nur weil jemand einmal an dich glaubt? Im nächsten Moment werden sie dich schubsen, sagt dein Vater. Wir gehören nicht dazu, sagt dein Vater. Und ich bin ein Psycho?«

Zwischen Linus und Aylin liegen Welten. Ein kleiner Junge voller Selbstvertrauen. Ein Mädchen, fast erwachsen. Ihr Selbstvertrauen, fast völlig verdorrt, muss erst wieder wachsen. Als Dünger wirken Worte: »Ich glaube an dich, das ist der Satz, der den Unterschied macht.« – Wie gut, wenn Menschen ihn zu hören bekommen. Damit sie selbst an sich glauben können. Allen Einsprüchen und Widerreden zum Trotz.

Gott glaubt an dich!
Gott setzt darauf, dass Menschen entdecken, was in ihnen angelegt ist. Was Gott mit ihnen geschaffen hat. Dass sie ihre Gaben und Fähigkeiten einsetzen, um diese Welt besser zu machen. Dass sie umkehren können, wenn sie in falscher Richtung unterwegs sind. Wo die Wirklichkeit Menschen einengt und klein macht, sieht Gott jede Menge Möglichkeiten. »Ich glaub an dich.« Jeder Mensch trägt Gottes Bild in sich. Wie dieser Satz wirkt, zeigt sich in der Bibel: In Psalm 139 betet einer zu Gott und sagt: »Ich danke dir dafür, dass ich so unglaublich wunderbar geschaffen bin.« Ein Satz voller Staunen über sich selbst, voller Selbstvertrauen, geschenkt von Gott. »Ich glaub an dich«, sagt Gott zu mir, noch bevor ich irgendein Bekenntnis sprechen kann.

Liebe Konfirmandinnen und Konfirmanden, heute ist euer Tag. Das ist unübersehbar. So viele Menschen sind euretwegen in diese Kirche gekommen. Um euch zu feiern. Und das mit gutem Grund. Ihr werdet gefeiert, weil ihr einfach ihr seid. Weil es schön ist, dass ihr da seid. Jede und jeder von euch trägt Gottes Bild in sich. Auf je ihre und seine Weise. Das ist ein Grund zu feiern. Und das muss auch mal gesagt werden. Zuerst von Gott. Mit der Taufe sagt Gott: »Du gehörst zu mir.

Du bist wunderbar und einzigartig. Egal, was andere zu dir und über dich sagen werden. Daran wird sich nichts ändern. Ich glaub an dich.« Heute seid ihr dran. Mit der Konfirmation sagt ihr: »Ja, das stimmt. Danke, Gott. Ich danke dir dafür, dass ich so unglaublich wunderbar geschaffen bin.« Das verbindet euch an diesem Tag, so verschieden ihr auch seid. Es gibt viel, was euch unterscheidet. Ihr geht auf sieben unterschiedliche Schulen. Die Wahrscheinlichkeit, dass ihr euch alle auf einer Party oder in einem Verein trefft, ist denkbar gering – obwohl ihr alle in derselben Stadt wohnt. Und doch habt ihr euch im vergangenen Jahr etwas besser kennengelernt. Auf der Konfi-Fahrt war Teamwork angesagt – mit Leuten, die ihr euch damals sicher nicht ausgesucht hättet. Das war eigenartig – vor allem, weil es sogar funktioniert hat. Vielleicht habt ihr eine Ahnung davon bekommen, dass es auf jeden einzelnen von euch ankommt. Jede und jeder von euch trägt Gottes Bild in sich. Auf je ihre und seine Weise. Das ist ein Grund zu feiern. »Danke, Gott. Ich danke dir dafür, dass ich so unglaublich wunderbar geschaffen bin.«

Chor: Du siehst mich (#freiTöne 136)

Tauferinnerung und Glaubensbekenntnis

Liebe Konfirmandinnen und Konfirmanden, ihr seid getauft worden; viele hier über dieser Taufschale, manche in anderen Kirchen und Gemeinden. Damals haben eure Eltern für euch entschieden. Sie und eure Patinnen und Paten haben damals auch an eurer Stelle das Bekenntnis zu Gott gesprochen. Heute antwortet ihr selbst auf Gottes Zuspruch und Anspruch, der mit der Taufe verbunden ist.

Manches habt ihr inzwischen von und mit Gott erfahren. Auch in der Konfirmandenzeit im letzten Jahr. Ihr habt euch beteiligt an der Suche nach Gott. Ja, wer glaubt, der sucht. Und wer das tut, wird früher oder später auf andere treffen, die auch auf der Suche nach Gott sind. Was diese Suchenden verbindet, hat das Apostolische Glaubensbekenntnis zusammengefasst. Lasst uns nun dieses Bekenntnis miteinander sprechen, das Christen und Christinnen in aller Welt und durch die Jahrhunderte miteinander verbindet.

Frage an die Konfirmanden:

Wollt ihr in diesem Glauben bleiben und wachsen, so antwortet: Ja, mit Gottes Hilfe.

Bitte um den Heiligen Geist

Gott, wir bitten dich für die Konfirmandinnen und Konfirmanden: Gib ihnen deinen Geist, dass sie als Christen und Christinnen in der Welt leben – frei, ehrlich und ihren Nächsten zugewandt, offen für die Zukunft und voll Vertrauen zu dir. Darum bitten wir dich im Namen Jesu Christi.

Lied: Ich seh empor zu den Bergen (#freiTöne 42)

Einsegnung

Mit Nennung des Konfirmationsspruchs und persönlich zugesprochenem Segen

Gott behüte dich auf den Wegen, die vor dir liegen. Gott leite dich bei den Entscheidungen, die du treffen wirst. Friede sei mit dir.

Chor: Segenslied (#freiTöne 199)

Ansprache an die Konfirmierten

Gehalten von Presbyterin oder Jugendleiter

Lied: Wo Menschen sich vergessen (WortLaute 90)

Fürbitten (Elternteil, Presbyterin, Pfarrer)

Gebetsruf der Gemeinde: Guter Gott, geh mit auf unseren Wegen.

Jugendleiter:

Guter Gott, heute feiern wir Konfirmation. Wir bitten dich für die Konfirmierten. Gib ihnen Zuversicht für die Schritte, die vor ihnen liegen. Schenke ihnen Selbstvertrauen und Umsicht, mit den Herausforderungen zurechtzukommen, die vor ihnen liegen. Gemeinsam bitten wir:

Elternteil:

Guter Gott, das Zusammenleben von Eltern und Jugendlichen ist manchmal eine Herausforderung – für beide Seiten. Wir bitten dich: Stärke du Gesprächsbereitschaft und Geduld, wenn die Welten auseinanderrücken. Hilf uns Eltern, Selbständigkeit und Unterstützung auszubalancieren. Gemeinsam bitten wir:

Pfarrer:

Guter Gott, wir sind deine Gemeinde. Wir bitten dich: Komm du in unsere Mitte. So wird dein Haus zur Heimat für viele und Menschen aller Generationen finden hier ihren Platz. Gib uns Fantasie und Ausdauer, aufeinander zu hören und miteinander unterwegs zu sein. Gemeinsam bitten wir:

Pfarrer:
Guter Gott, wir bitten dich für diejenigen, die wir an diesem Festtag vermissen und die ihn gerne mitgefeiert hätten. Bewahre sie in deinem Frieden. Tröste die, die um sie trauern. Du bist stärker als der Tod. Gemeinsam bitten wir:
Vaterunser

Segen

Musik zum Auszug: The Beginning (Michael Schütz, 2008)

Gott, (m)ein Fels
Konfirmationspredigt über Ps 18,2

Anja Lochner

Liebe Konfirmandinnen und Konfirmanden, liebe Eltern, Geschwister, Großeltern, Paten, liebe Freundinnen und Freunde der Konfirmanden, liebe Festgemeinde! Ein Fels vor dem Altar. Natürlich steht er hier nicht immer. Manchen von euch kommt er vielleicht irgendwie bekannt vor ... Genau! Neulich um »5nach5« war's, in unserem Jugendgottesdienst also, da stand er hier auch. Um Freunde ging's da. Genauer um ABF – für Nicht-Eingeweihte, also ca. alle, die älter als 25 und somit steinalt sind: ABF steht für AllerBesteFreunde.
Da steht er also wieder, der ABF-AllerBesteFreunde-Fels.
Du bist mein Fels, mein Schutz, meine Burg. Ein altes Bibelwort geht so. Genauer: ein Psalm. Ihr wisst ja nun, was das ist: ein Psalm.
Du bist mein Fels. Ein Bild für Gott. Als wir vor längerer Zeit einmal darüber sprachen, wie Gott für euch ist, welches Bild ihn am ehesten beschreiben könnte – da war das einer eurer Favoriten: Gott – ein Fels.
Du bist mein Fels, mein Schutz, meine Burg, dass ich gewiss nicht fallen werde.
Gott – einer der stark ist. Fest. Felsenfest. Einer, auf den man bauen kann. Auf den man sich verlassen kann. Der da ist und bleibt. Der einen nicht und unter keinen Umständen fallen lässt.
Gott – ein Fels. In der Brandung. Wenn es stürmisch zugeht. Er fällt nicht einfach um oder in sich zusammen. Er steht da – felsenfest. Und bleibt.
Gott, mein Fels, mein Schutz, meine Burg – groß und verwinkelt ist er, er hat verborgene Ecken, du kannst bei ihm Zuflucht suchen und dich geborgen fühlen. Er gibt dich nicht preis.
Gott, mein Fels. Auch gut zum Anlehnen. Er hält was aus.

In knapp zwei Jahren Konfer haben wir diesen Felsen Gott sozusagen umrundet. Wir haben ihn von immer verschiedenen Seiten und aus unterschiedlichen Perspektiven betrachtet.

Gott, den Schöpfer, der alles so großartig eingerichtet hat.
Gott, der uns Menschen seine Gebote gegeben hat, weil er will, dass es uns gut geht.
Gott, der in Jesus zu den Menschen gekommen ist, uns gezeigt hat, wie wir leben sollen und wie wichtig und lieb wir ihm sind.
Gott, Heiliger Geist, der über die Jahrtausende hinweg bis zum heutigen Tag Spuren hinterlässt, überall in der Welt – hier heute z. B. kann man ihn geradezu mit Händen greifen, wenn wir zusammen Gottesdienst feiern und junge Menschen sehr ernsthaft Ja sagen.

Gott – ein Fels. Manche Seiten fandet ihr schön und beeindruckend. Manche waren seltsam, fremd und unzugänglich. Gott ist manchmal ein ganz schön harter Brocken. So ist das mit den Felsen – sie sind ja nicht nur gemütlich. Zum Wohlfühlen und Entspannen. So ist das mit der Religion, auf die ihr euch eingelassen habt: sie ist eine, die mit den Ecken und Kanten dieser Welt zu tun hat, eine, der es auch, aber nicht nur ums Wohlfühlen geht.
Zusammen also haben wir den Felsen Gott umrundet, haben uns angenähert, dran gerüttelt, öfters gab's richtig gute Aussichten. Unvergessliche Spitzensätze werden mir im Gedächtnis bleiben: Wie eine von euch die Sache mit der Auferstehung erklärt hat: ER ist gestorben und hat's überlebt! Oder: Als wir rätselten, was das wohl soll, dass Jesus übers Wasser geht, und einer sagt: Ist doch klar! Das bedeutet, du schaffst das, auch wenn du denkst, es geht nicht. Oder: Als wir hier in der Kirche waren und immer wieder Leute reinkamen, um zu beten oder eine Kerze anzuzünden, stellte eine die Frage: Woher weißt du eigentlich, ob die alle auch in der Kirche sind – das weiß ich natürlich nicht! Helle Empörung war die Reaktion: Man kann doch hier nicht einfach reingehen und Sachen mitmachen, wenn man gar nicht drin ist – doch man kann, manche machen es so.

Manchmal (ganz selten!) war's auch anstrengend (nur für euch natürlich), vielleicht war der vorgeschlagene Weg manchmal zu steil oder ihr hattet schlicht keine Lust – aber ihr seid drangeblieben. Zwei Jahre habt ihr euch Zeit genommen – und, das hat mich riesig gefreut, ihr habt in der letzten Stunde ausnahmslos alle gesagt: Ihr würdet es wieder tun. Der Weg hat euch gefallen.

Nun sind wir sozusagen einmal rum. Ihr habt für euch entdeckt: Ja, da ist was dran. Und: Ja, da will ich dranbleiben. Ab heute auf eure eigene Weise. Auf eigene Verantwortung. Ja, mit Gottes Hilfe. Ab heute ist es euer Ding, euer ganz eigener Weg mit Gott.

Konfirmation ist – früher durch den oft gleichzeitigen Eintritt ins Arbeitsleben noch viel spürbarer – ein echter Einschnitt. Jetzt (oder bald) geht's ans Loslassen: die Kinder ihre eigenen Wege gehen lassen. Und vertrauen, dass ihr das hinkriegt, dass ihr euren Weg schon finden, werdet in dieser Welt, in eurem Leben, das bekanntlich kein Ponyhof ist. Ihr werdet eure Kreise ziehen – und sie werden immer größer werden und immer weiter. Und natürlich werden Umwege dabei sein und Sackgassen. Und ihr werdet sie gehen müssen, wir sind sie alle gegangen. Und: Was für den einen Umweg oder sogar Sackgasse ist, ist für den anderen der Königsweg.

Der Fels – Gott – bleibt. Verlässlich. Gut ist, das nicht nur zu wissen. Sondern sich ab und zu davon zu überzeugen. Hingehen. Man vergisst sonst leicht den Weg. Schauen, ob ER noch da ist, wie's aussieht, ob's alte vertraute oder neue Wege zu entdecken gibt. Das ist übrigens das Tolle am Gott-Felsen, dass man immer andere, immer neue Zugänge findet, ein Leben lang. Also: hingehen, schauen, ein paar Worte mit ihm wechseln, hören, ob er mir vielleicht was zu sagen hat. Auch da ist es gut, in der Übung zu bleiben – man vergisst leicht, wie's geht. Mit ihm sprechen. Hören. Gut hinhören! Gott will dein Fels sein, wenn du willst. Dein AllerBesterFreund-Fels.

Und umgekehrt: Auch wir – du und du und du … – können solche Felsen sein. ABF-Felsen. Der ABF von Jesus war Petrus. Du kannst dich auf mich verlassen. Unter allen Umständen. Hat er gesagt. Versprochen ist versprochen. Und als es dann hart auf hart kam, da hat er ihn doch verraten: Jesus? Nö, noch nie gesehen. Hat er gesagt. Dreimal gleich. Als sie Jesus verhaftet haben, war das, da haben sie Petrus gefragt: Sag mal, du gehörst doch auch zu dem? Nee – den kenn ich nicht! Noch nie gesehen. Später hat er dann bitterlich geweint über sich selbst und seine Feigheit. Und trotzdem blieb er der ABF-Fels für Jesus. So heißt er sogar: Petrus – der Fels. Ich bau auf dich, sagt Jesus. Trotz allem.

Ich bau auf dich: *(Namen nennen)*, ich trau euch was zu, auch wenn ihr mal Mist macht, so richtig … wie Petrus. Jesus bleibt dabei: Ihr seid meine Felsen. Ich bau auf euch, toll, dass ihr Ja sagt, toll, dass ihr da seid. Lasst euer Licht leuchten, ihr könnt es, ich trau es euch zu.
Ihr seid meine Felsen: Ihr seid stark, stark genug, euren Weg zu machen. Auf euch ist Verlass, ihr könnt ABF – allerbeste Freunde – sein. Und ihr könnt euch umgekehrt auf mich verlassen. Immer. Sagt Jesus.
Gott der Fels – er baut auf euch! Eine echt starke Verbindung fürs Leben.

Gute Fundamente
Konfirmationspredigt über Lk 6,47–49

Jörg Prahler

Liebe Konfis, liebe Geschwister und Eltern, liebe Patinnen und Paten, Großeltern, Freunde und Verwandte. Liebe Gemeinde! Wenn man ein bisschen Grips hat, dann arbeitet man da besonders gründlich, wo man es auch sieht. Wo man es nicht sieht, da kannst du auch ein bisschen nachlassen.

Ich sage euch mal ein Beispiel: Wenn die Oma zu Besuch kommt, dann räumt man das ganze Haus auf. Oma hat es gerne ordentlich. Ihr wollt nicht, dass es Ärger gibt oder dass sie das nächste Mal mit einem Wischlappen anreist. Alles ganz logisch. Aber wenn Oma die Treppe nicht mehr hochkommt, dann reicht es auch, wenn ihr das Erdgeschoss aufräumt.

Mama und Papa wollen, dass ihr im Garten das Unkraut jätet? Dann macht man es vorne im Vorgarten besonders gründlich. Da, wo die Leute vorbeigehen. Hinten bei den Tannen, wo es sowieso keiner sieht, da könnt ihr etwas schlampiger arbeiten. Ich wette mit euch: Eure Eltern machen es genauso.

Aber es gibt eine wichtige Ausnahme: Wenn du nämlich ein Haus bauen willst. Wenn man ein Haus baut, dann wird als erstes ein Fundament gelegt. Dafür wird zuerst eine Grube ausgebaggert, etwas größer, als später dann der Keller sein soll. Und dann werden noch mal unterhalb des Kellers tiefe Gräben ausgehoben. Überall dort, wo später mal die Außenmauern hinkommen sollen. Dann werden diese Gräben heutzutage mit Beton ausgegossen. Danach erst wird die Betonplatte, der Fußboden vom Keller gegossen. Dann werden die Außenwände vom Keller gebaut und der Keller bekommt eine Decke. Dann wird der Sand wieder an den Keller rangeschoben und der Rest vom Haus gemauert.

Oft kann man den obersten Teil vom Keller noch von außen sehen. Auf jeden Fall siehst du den Keller, wenn du bei dir im Haus die Kellertreppe runtergehst. Aber das Fundament von einem Haus kannst du nicht mehr sehen. Theoretisch könntest du bei keinem Haus sagen, ob

es überhaupt ein Fundament hat. Oder sogar, ob es ein gutes hat. Oder ein besonders schlampig gebautes Fundament.
Aber nach zehn oder zwanzig Jahren würdest du es wahrscheinlich ziemlich deutlich sehen: dann nämlich, wenn dein Haus Risse bekommt. Wenn der Putz von den Wänden bröckelt. Wenn man es für viel, viel Geld reparieren oder im schlimmsten Fall sogar abreißen muss. Glaubt ihr nicht? Das beste Beispiel steht hinter mir: unsere Kirche. Das Fundament des Turms ist abgesackt. Der Turm hat sich ganz langsam ein kleines Stück zur Seite geneigt und dabei ist der Turm vom Rest der Kirche abgerissen. Turm und Kirchenschiff mussten voneinander getrennt werden. Die Risse mussten ausgekratzt und neu verputzt werden. Sogar das Dach musste neu gemacht werden. Dabei hat der Turm eigentlich ein gutes Fundament gehabt: aus dicken Findlingen, Feldsteinen und aus Stämmen von Eichenholz.

Ein Fundament aus Beton. Fundamente aus Findlingen, Feldsteinen und Eichenholz. So wird und so wurde bei uns gebaut. Damals in Israel gab es noch eine andere Methode, für ein gutes Fundament zu sorgen. Israel ist ein bergiges und felsiges Land. Oft ist die Erde, der Sandboden darüber gar nicht so dick. Wer sich also ein standfestes Haus bauen wollte, der suchte sich einen ohnehin schon felsigen Untergrund. Dann hat er den restlichen Sand weggeschaufelt. Und dann konnte er sein Haus auf festen Grund bauen.
Wer sich diese ganze Arbeit aber nicht macht und wer sein Haus auf Sand baut, der hat ein doppeltes Problem. Erst mal wird die Erde bei Regen nass und matschig. Das Haus steht also ohnehin schon wackliger als auf einem Felsen. Außerdem kann das Wasser nach unten nicht richtig abfließen. Irgendwann kommt ja dann wieder der felsige Untergrund. Und von den Berghängen läuft das Wasser auch herab, wenn es tüchtig regnet. Und es kann kaum versickern. Steht ein Haus ohne Fundament auf Sand, dann kann der Boden unter dem Haus aufschwemmen. Wie Matsch in einer Plastikschüssel, wenn du immer mehr Wasser dazu gibst. Und irgendwann werden Sand und Wasser zu einem flüssigen Brei. Und dann rutscht irgendwann die ganze Erde weg und das Haus bricht zusammen.
Ihr merkt schon: Man kann so ein Fundament nicht sehen. Ein gutes Fundament kostet eine Menge Arbeit und damit ja auch eine Menge Geld. Du könntest denken: »So ein Fundament ist für mich

zu nichts nütze. Vielleicht könnte man für das Geld besser einen Pool bauen. Oder einen Balkon. Oder mein Zimmer ein bisschen größer machen.«
Du siehst das Fundament nicht. Du weißt wahrscheinlich in den meisten Fällen gar nicht, was du daran hast. Aber im Zweifelsfall entscheidet das Fundament darüber, ob du am Ende überhaupt noch ein Haus hast. Oder ob der ganze Krempel über dir zusammenbricht. Ob es dir gut geht oder ob dein Leben in einer Katastrophe endet.

So, liebe Konfis, jetzt wisst ihr eine ganze Menge über Fundamente. Wenn ihr in 25 Jahren mal ein Haus bauen wollt, dann erinnert ihr euch vielleicht an diese Predigt. Und wenn euer Architekt sagt: »Hier am Fundament können wir ein bisschen sparen«, dann schmeißt ihn raus und holt euch einen neuen.
Aber ich glaube, als Jesus dieses Gleichnis erzählt hat, da wollte er gar keine Tipps an Häuslebauer verteilen. Es ist nur ein Bild. Es ging ihm um was anderes. Jesus wollte seinen Zuhörerinnen und Zuhörern erzählen, wie sie ihr Leben auf einen festen Grund bauen können. Denn auch ein Leben braucht einen festen Grund. Ein Fundament, auf das man aufbauen kann. Und das ist gerade für junge Leute wichtig. Wie für euch als Konfis. Als ihr noch kleiner wart, da waren, wenn es gut lief, eure Eltern das Fundament, auf das ihr euer Leben aufgebaut habt.
Sie haben hoffentlich gut für euch gesorgt. Sie haben euch Liebe gegeben und was ihr zum Leben braucht. Dazu kamen wahrscheinlich andere Leute aus eurer Familie. Die Omas und die Opas. Geschwister. Nachbarn, Freundinnen und Freude. Die Welt, in der ihr aufgewachsen seid. Vielleicht kamen im Kindergarten oder anderswo Erzieherinnen und Erzieher dazu. Bestimmt in der Schule eure Lehrerinnen und Lehrer.
Und ich vermute mal, alle wollten auf ihre Weise, dass ihr ein gutes und ein festes Fundament bekommt. Und sie haben daran mitgearbeitet, die einen mehr und die anderen weniger. Und so seid ihr zu diesen jungen Menschen herangewachsen, die wir heute hier vor uns sehen. Und ich finde, die sind doch eigentlich ganz gut geworden.

Aber wahrscheinlich habt ihr das selber schon gemerkt: Allmählich und manchmal auch ganz schön schnell ändert sich da was. Bisher haben Erwachsene an eurem Fundament mitgebaut. Und manchmal haben sie euch auch eine Menge vorgeschrieben. Das wird jetzt gerade anders. *Ihr* entscheidet, worauf ihr bauen wollt. *Ihr* entscheidet, was ihr für richtig haltet oder für falsch. *Ihr* entscheidet, auf wenn ihr noch hört und auf wen ihr immer weniger hört.

Für Eltern ist das manchmal ein ganz schöner Schock. »Ich will doch nur dein Bestes. Ich weiß doch, was gut für dich ist. Ich weiß doch, wie es in der Welt so läuft.« Und ihr sagt: »Nö«, und dann gibt es Krach. Oder ihr sagt »Ja, ja« und macht trotzdem, was ihr wollt. Dann gibt es den Ärger später.

Und ein bisschen muss das auch so sein. Euer Leben ist euer Haus. Und es muss auf *eurem* Fundament stehen. Und Eltern wissen eben doch nicht alles. Als sie so jung waren, wie ihr – das ist schon ganz schön lange her. Die Welt hat sich geändert. Alte Fundamente passen heute vielleicht einfach nicht mehr. Außerdem erinnern sich Eltern oft falsch. Die denken, sie waren mit 14, 15 viel vernünftiger als ihr heute. Stimmt aber meistens gar nicht. Ihr müsst euren eigenen Weg gehen, um erwachsen zu werden.

Andererseits verstehe ich auch die Eltern. Wenn ich mir vorstelle, was irgendwelche Youtuber in die Herzen und Hirne unserer Kinder reden, dann wird mir angst und bange. Wenn ich mir überlege, wie viel Blödsinn und gefährlicher Mist im Internet nur einen Klick entfernt ist, dann wird mir schlecht.

Andererseits: Als ich 15 war, da hingen wir nachmittags an der Schule am Bushäuschen rum. Dass ich da immer nur den allerbesten Einfluss mitbekommen hätte, kann ich auch nicht sagen. Und ich sage es mal so: Das wird ja mit 16, 17, 18 nicht unbedingt besser. Bei allem Verständnis und bei aller Toleranz – ich glaube, meine Eltern haben richtig was aushalten müssen. Gute Eltern müssen Vertrauen haben. Gute Nerven und einen langen Atem.

Und noch mal andererseits: »Alles scheißegal und das wird schon« – ist auch kein guter Rat zum Großwerden. Und nicht alles, was Jugendliche bauen, ist ein gutes Fundament fürs Leben. Manches ist auch einfach Mist.

Wir haben zusammen an einem Vorstellungsgottesdienst gearbeitet. Es ging um obdachlose Jugendliche. Um Kinder, die auf der Straße leben. Weil sie kein gutes Zuhause haben. Weil sie zuhause mit den anderen nicht klarkommen. Weil sie Drogen nehmen und deshalb abgehauen sind. Manche dachten: Das ist ein tolles Leben – ohne Schule, ohne Vorschriften. Unterm Strich aber ist es ein hartes und ein grausames Leben. Und viele Kinder werden es schwer haben, sich eine gute Zukunft aufzubauen. Ohne Schulabschluss keine Lehre. Ohne Arbeit kein Geld. Ohne Geld keine Wohnung. Ohne Aussicht auf ein besseres Leben kein Grund, mit den Drogen aufzuhören. Und auf Droge gehst du nicht in die Schule. So ein Leben ist auf Sand gebaut: Als die Wasserfluten kamen, da fiel es gleich zusammen, und der Einsturz dieses Hauses war gewaltig.

Nun sind obdachlose Jugendliche ein extremes Beispiel. Ich kann mir irgendwie nicht vorstellen, dass so was einem von euch mal blühen wird. Aber es gibt ja auch andere Lebensbaupläne, die kein richtiges Fundament haben. Wenn du zum Beispiel total ehrgeizig bist. Wenn du immer nur arbeitest und arbeitest und besser sein willst als die anderen. Dann hast du wahrscheinlich sogar Erfolg im Leben. Dann sitzt du nachher mit 70 in einem tollen Haus. Aber ganz alleine. Weil du nämlich so ein Ekelpaket geworden bist, dass es keiner mit dir aushält. Dann fällt dir die Decke auf den Kopf. Du hast so viel erreicht. Aber wofür? Es ist am Ende gar nichts wert.

Oder du bist dein ganzes Leben lang immer nur anderen Leuten hinterhergerannt. Du hast alles getan für deine Frau oder für deinen Mann. Für deine Chefin oder deinen Chef. Hast immer für die anderen zurückgesteckt. Vielleicht mögen sie dich dann. Oder sie respektieren dich. Und dann hörst du, wie sie schlecht über dich reden. Wie sie sich lustig machen über dich. Da rauscht eine Flut an und spült dein ganzes Leben weg. Alles ist zusammengebrochen. Du hast auf Sand gebaut.

Aber was sollst du denn dann machen? Woher kriege ich ein Fundament, das was aushält? Ich gucke auf das, was sich bewährt hat. Das Fundament von unserem Kirchturm hat schon mal 800 Jahre gehalten. Was in der Kirche gelehrt und gepredigt wird, das hat fast 2000 Jahre lang als Fundament für uns Menschen gehalten und sich bewährt.

Jesus sagt: »Wer zu Jesus kommt und wer seine Rede hört und nach ihr lebt, der gleicht einem Menschen, der sein Haus auf einen Felsen baut. Nichts wird ihn umwerfen.«

Nun kannst du diesen Satz schnell in einen falschen Hals kriegen. Im Augenblick schreien ja viele: »Hört auf mich: Ich habe die Weisheit

mit Löffeln gefressen.« Und nachher glauben die Leute den größten Quatsch.
Aber dieses Gleichnis vom Hausbau und den Fundamenten steht am Ende einer längeren Rede von Jesus. Es geht dabei um alles, was Jesus uns Menschen zu sagen hat: z. B., dass Gott uns Menschen viel, viel Liebe gibt. Dass er es gut meint mit jedem von uns. Dass wir deshalb untereinander von dieser Liebe weitergeben sollen. Nicht nur denen, mit denen wir gut klarkommen. Sogar mit denen, die was gegen uns haben. Dass wir andere nicht verurteilen sollen. Nicht denken, ich wäre was Besseres. Dass wir allen Menschen Gutes tun sollen. Dass sich die Reichen um die Armen kümmern sollen. Die Starken um die Schwachen.
Das sind Regeln oder Zusagen, nach denen du gut leben kannst. Was ihr im Konfer gelernt habt. Was ihr auf der Freizeit gespürt hat: Ich öffne Gott eine Tür zu meinem Leben, und dann fällt mir manches leichter. Z. B., dass ich mich mit anderen vertrage. Dass ich bei anderen genauer hinsehe. Dass ich eigentlich in jedem etwas Gutes entdecke.
Es geht mir und diesem Planeten besser, wenn ich einfach zufrieden bin. Ohne immer was kaufen zu müssen. Ohne andere in den Schatten zu stellen. Ohne mich vorzudrängeln.
Ich werde von Gott geliebt. Und das bleibt auch so, wenn ich mir bei allem anderen gar nicht so sicher bin. Das ist mein Grund. Das ist mein Fundament. Darauf baue ich mein ganzes Leben auf. Und dann kann mich kaum was erschüttern. Dann kann mich nichts mehr umwerfen.

An diesem Fundament haben wir in der Konferzeit gearbeitet. Das war eine gute Zeit. Heute, die Konfirmation ist so eine Art Zwischenstand. Eine Zwischenbauabnahme. Denn anders als bei einem Haus hört die Arbeit an eurem Fundament nie so richtig auf. Auch eure Eltern und eure Großeltern müssen bei sich selbst immer mal wieder nachsehen und kontrollieren und vielleicht auch korrigieren: Baue ich noch auf diesem tragfähigen Grund oder baue ich schon daneben? Baue ich schon auf Sand?
So ist es auch bei euch. Ihr seid nicht fertig. Aber ihr seid ein gutes Stück vorangekommen. Dazu sagt ihr heute Ja. Und deshalb feiern wir heute eure Konfirmation.

Ich habe ganz am Anfang gesagt: Wer ein bisschen Grips hat, der gibt sich da besonders Mühe, wo man es sehen kann. Ich weiß nicht, ob das immer so richtig ist. Beim Fundament sollte man jedenfalls anders vorgehen. Ich wünsche euch jedenfalls, dass man es irgendwann sehen wird, dass euer Leben auf Gottes gutem Grund steht. Weil aus euch glückliche, zufriedene Menschen werden. Menschen, die anderen Gutes tun und die dafür geschätzt und geachtet werden. Menschen, die die Welt ein Stück besser machen. Weil sie mit Gott im Einklang leben. Denn solche Leute brauchen wir.

Guter Rat
Konfirmationspredigt zu Spr 3,1–8

Jörg Prahler

Liebe Konfirmandinnen und Konfirmanden, liebe Eltern, Paten und Verwandten, liebe Gemeinde! Der Predigttext steht bei den Sprüchen Salomos im 3. Kapitel:
»Mein Sohn, vergiss nie, was ich dir beigebracht habe! Nimm dir meine Ratschläge zu Herzen und bewahre sie! Dann wird es dir gut gehen, ein langes und erfülltes Leben liegt vor dir. Sei gütig und treu, und werde nicht nachlässig, sondern sporne dich immer wieder an! So wirst du Freundschaft und Ansehen bei den Menschen finden. Verlass dich nicht auf deine eigene Urteilskraft, sondern vertraue voll und ganz dem Herrn! Denke bei jedem Schritt an ihn; er zeigt dir den richtigen Weg und krönt dein Handeln mit Erfolg. Halte dich nicht selbst für klug; gehorche Gott und meide das Böse! Das heilt und belebt deinen ganzen Körper, du fühlst dich wohl und gesund.«

So, liebe Konfis, ich musste ein bisschen grinsen, als ich den Predigttext das erste Mal las. Heute ist ein ganz besonderer Tag für euch, und ihr werdet heute in einer ganz besonderen Art und Weise behandelt werden. Ihr werdet heute hier in diesem Gottesdienst, was die Kirche angeht, für erwachsen erklärt. Eure Familienfeiern werden diesem besonderen Ereignis wahrscheinlich Rechnung tragen. Es wird feierlich sein und manchmal auch ein bisschen komisch.
Ich kann mir vorstellen, dass nach dem Gottesdienst eure Verwandten zu euch kommen, euch die Hände schütteln und was ganz Besonderes sagen. Ich kann mir vorstellen, dass heute irgendwann am Tag euer Vater oder eure Mutter aufstehen und eine kleine Rede halten wird. Und ich möchte fast wetten, in ungefähr fünfzig Prozent der Fälle werdet ihr in etwa Folgendes hören: »Mein lieber Sohn, meine liebe Tochter. Du bist jetzt fast erwachsen. Du musst lernen, selber Entscheidungen zu treffen, selbst Verantwortung zu übernehmen .... und damit das gut

klappt möchte ich dir sagen: Tue bitte dies und beherzige bitte das. Tue auf keinen Fall dies hier und jenes nur in Maßen!«
Liebe Eltern, sollte ich aus Versehen eben gerade den Anfang Ihrer Tischrede verraten haben, keine Panik. Sie werden Ihre Rede halten können. Ich will versuchen, die Situation gleich noch zu retten. Der Witz an der Sache ist aber, dass solche Reden ziemlich genau das tun, was unser Predigttext vormacht. Dabei frage ich mich, ob das eigentlich so angemessen ist.

Ich kann mich noch ziemlich genau an meine eigene Konfirmation erinnern. Auch mir wurde gesagt »Das ist jetzt der erste Schritt auf dem Weg, erwachsen zu werden.« Und dann auch: »Also tue in Zukunft dies und beherzige das« usw. Und ich weiß noch genau: Wenn ich mir irgendwas vom Erwachsenwerden versprochen habe, dann doch wohl weniger Vorschriften und weniger gute Tipps von meinen Eltern. Mal endlich alles selber und alleine entscheiden.
Natürlich war das reichlich blöd, so zu denken. Ich war vierzehn. Natürlich haben sich meine Eltern weiter in mein Leben eingemischt. Bis heute gibt mir meine Mutter bei jedem Telefonat mindestens zwei Ratschläge, was ich machen soll. Dabei wollte ich nicht mal einen einzigen. Aber trotzdem, dieser Wunsch, endlich selber bestimmen zu können, ist mit 14 bis 18 Jahren unwahrscheinlich groß. Endlich frei sein! Alles selber entscheiden können. Dafür lohnt es sich, erwachsen zu werden, weniger Ärger und Scherereien hat man ja sonst eigentlich als Kind.
Und was heißt es denn nun, erwachsen zu werden? Selber zu entscheiden. Selbst Verantwortung zu übernehmen? Liebe Konfirmandinnen, liebe Konfirmanden, erwachsen werden heißt nicht, keine Ratschläge mehr zu bekommen. Es heißt, sich selber die richtigen Ratgeber und die richtigen Ratschläge auszuwählen.

Kinder tun das, was ihnen ihre Eltern sagen, eigentlich egal, ob das nun gut ist oder nicht. Erwachsene wählen aus und hören dann hoffentlich auf die guten und für sie passenden Dinge, die sie aus ihrem Elternhaus kennen. Sie nutzen aber auch andere Ratgeber: Freunde, Vorbilder, Erfahrungen, von denen man aus Büchern weiß, die innere Stimme des Gewissens. Kein Mensch entscheidet jemals wirklich alleine: Was du persönlich für richtig hältst, das ist deine persönliche Mischung aus Ratschlägen und Meinungen und Erfahrungen, denen du vertraust.

Deswegen auch die guten Ratschläge gerade am Tag der Konfirmation. Das ist nochmal der Versuch eurer Eltern, Paten oder Großeltern, euch ganz bewusst das Wichtigste mit auf den Weg zu geben, was sie haben. Wenigstens das, was sie für das Wichtigste halten.
Um nichts anderes geht es in unserem Predigttext. Aber vielleicht doch noch um mehr. Die Tradition sagt, dass das Buch der Sprüche in der Bibel von dem König Salomo geschrieben worden sei. Und Salomo galt als außergewöhnlich klug und weise. Tatsächlich stammt, wenn überhaupt, wohl nur das Wenigste von König Salomo direkt. Aber schlau und weise sollen diese Sprüche dennoch sein. Daran müssen sie sich messen lassen. Auch heute noch.

Unsere Verse richten sich an einen jungen Mann, der gerade erwachsen wird. Und der Autor schreibt als Vater, der diesem jungen Mann wichtige Ratschläge mit auf den Weg geben will. Es macht nichts, dass hier nun ausgerechnet ein Junge angesprochen wird. In unserer heutigen Zeit sind diese Ratschläge genauso passend für junge Frauen. Auch das Alter des Jungen dürfte für euch in etwa passen. Damals galt man mit 14, 15 Jahren tatsächlich fast schon als erwachsen.
Der erste Teil sind typische Ratschläge, die Eltern ihren Kindern geben können. An denen es, glaube ich, nichts auszusetzen gibt: »Nimm dir diese Ratschläge zu Herzen. Vergiss sie nicht gleich wieder. Denke dran, was du von mir gelernt hast.« Eltern meinen es in der Regel gut mit ihren Kindern. Ihr könnt also einigermaßen sicher sein, dass sie versuchen, euch wirklich gute Ratschläge zu geben. Aber jeder macht es schließlich nur, so gut er kann.
Diese Ratschläge aus der Bibel müssen sich an der Weisheit von König Salomo messen lassen. Und sie liegen seit mehr als 2000 Jahren offen auf dem Tisch und werden von den Bibellesern praktisch überprüft, ob sie denn auch was taugen. Das ist schon mal ein dicker Vorteil gegenüber vielen anderen Ratschlägen und Tipps.
Aber was wird denn nun geraten? »Sei gütig und treu!« Hab dein Herz auf dem richtigen Fleck. Gehe freundlich und herzlich mit deinen Mitmenschen um. Sieh die anderen nicht als deine Gegner an, die du übertölpeln oder ausnutzen darfst, sondern als Menschen, an denen dir etwas liegt. Ich finde, das ist ein guter Ratschlag. Viel zu viele Menschen denken nur an ihren kurzfristigen Vorteil und nützen andere aus oder behandeln sie schlecht. Am Ende stehen sie ohne

Freunde da. Sind vielleicht ein bisschen reicher, aber unglücklich. Das ist nicht gut.
Und sei treu. Steh zu deinem Wort. Halte dich an die Dinge, die du versprochen hast. Sei ein verlässlicher Typ. Ich sage inzwischen immer, die wichtigste Eigenschaft eines Teamers ist Verlässlichkeit. Was nützt mir einer, der zwar supertolle Fähigkeiten hat, aber der nicht da ist, wenn er es versprochen hat. Ich finde, wir sollten alle mal wieder mehr Wert auf Verlässlichkeit legen. Ein Mann, eine Frau – ein Wort.
Jede Beziehung gründet auf Ehrlichkeit, Freundlichkeit und Offenheit. »Sei gütig und treu« ist also der Grundstock dafür, dass du mit Menschen gut auskommst. Mit deiner Familie, mit Freunden, Nachbarn und mit Leuten, mit denen du nur ganz flüchtig zu tun hast.
Du sollst nicht nachlässig werden und dich selber anspornen. Konzentriere dich richtig auf die Dinge, die du tust, statt dass du alles anfängst und wieder bleiben lässt. Und kümmere dich selber um deinen Kram. Guck, was zu tun ist, und mach, was zu tun ist. Kindern muss man alles dreimal sagen. Überrasch mich damit, dass du tust, was nötig ist, bevor ich was gesagt habe.
Wahrscheinlich habt ihr diese Leier schon oft genug von euren Eltern gehört. Leider muss ich euch sagen: Wahrscheinlich auch zu Recht. In der Pubertät passiert bei euch so viel Neues, ihr habt so viel zu schaffen, so viel zu erledigen, dass eine ganze Menge halb fertig auf der Strecke bleibt. Manchmal hat die Schule zu leiden, manchmal der Ordnungszustand in eurem Zimmer. Den Eltern rate ich, Geduld zu haben und weiterhin gütig zu sein mit ihren Kindern. Euch rate ich: Macht es euren Eltern doch ein bisschen leichter, gütig zu sein. Konzentriert euch auf die wirklich wichtigen Dinge und bekommt die wenigstens schon mal gut hin.

Liebe Konfirmandinnen und Konfirmanden, liebe Eltern und Paten, liebe Gemeinde, das sind die Sprüche Salomos. Im Großen und Ganzen Ratschläge fürs Erwachsenwerden, die ich als Erwachsener auch so unterschreiben könnte. Die Dinge, auf die es so ankommt. Das Ganze könnte auch in einem »Wie-werde-ich-erwachsen-Berater« stehen. Müsste nicht unbedingt aus der Bibel kommen.
Ein Gedanke aber fällt aus dem Rahmen, und das ist auch das Wichtigste: »Verlass dich nicht auf deine eigene Urteilskraft, sondern vertraue voll und ganz dem Herrn! Denke bei jedem Schritt an ihn; er zeigt

dir den richtigen Weg und krönt dein Handeln mit Erfolg. Halte dich nicht selbst für klug; gehorche Gott und meide das Böse!«
»Halte dich nicht selber für klug« und »Verlass dich nicht auf deine Urteilskraft«, das sind Sätze, bei denen einem das Nicken wahrscheinlich auf einmal auch ein bisschen schwerer fällt. Und diesen Gedanken werdet ihr beim Händeschütteln oder am Kaffeetisch wahrscheinlich auch nicht so oft hören.
Aber lasst uns mal einen Moment darüber nachdenken. Eigentlich geht es beim Erwachsenwerden doch um das Klugsein und das kluge Urteilen. Das Auswählen der richtigen Ratgeber – so habe ich das genannt. Klar, das stimmt auch. Aber ich sollte mich dabei selber immer mit einem gesunden Misstrauen betrachten. Es sind schließlich meistens die dümmsten Menschen, die sich am allerschlausten fühlen. Und diejenigen, die am lautesten brüllen und am sichersten tun, haben nicht selten die verkehrtesten Ansichten. Sich selbst für klug halten ist eine große Gefahr.

Liebe Konfis, ich habe euch gesagt, heute werden euch viele Menschen Ratschläge mit auf den Weg geben, von denen sie meinen, dass sie wirklich gute Tipps sind. Das heißt aber lange noch nicht, dass diese Ratschläge wirklich was taugen. Ihr werdet das, was man euch sagt, prüfen. Manche Ratschläge werdet ihr nicht befolgen, weil ihr sie nicht für gut haltet. Bei manchen Tipps werdet ihr nicken und euch denken: »Diesen Ratschlag will ich befolgen. Das leuchtet mir ein. Das denke ich auch.« Aber nur, weil ihr das Gleiche denkt, heißt das noch lange nicht, dass das gut ist.
Haltet euch nicht selbst für klug. Ihr könntet ganz schnell ganz dumm dastehen. Deswegen bringt unser Predigttext einen Ratschlag, der euch vor allen gutgemeinten, aber doch verkehrten Ratschlägen schützen kann: Richtet euch in eurem ganzen Leben, in all euren Entscheidungen nach Gott. Wenn ihr euch nach Gott richtet, dann stimmt die Richtung. Dann läuft euer Leben auf einer geraden Bahn. Ihr könnt eure eigenen Entscheidungen an der Frage ausrichten »Würde Gott das nun gefallen oder nicht?«. Ihr könnt Tipps und Ratschläge danach beurteilen: »Würde ich so einen Rat auch von Jesus kriegen oder nicht?«.
Das sind vielleicht auch gute Korrekturfragen für uns Erwachsene. Würde mir Jesus beipflichten bei meinen Tipps fürs Erwachsenwerden? Was bedeutet das, wenn ich mir unsicher bin oder meine, er

würde mir widersprechen? Wie kriegt man so was raus? In jeder Predigt versuche ich, die Bibeltexte so auszulegen, dass klar wird, was sie für unser Leben ganz praktisch zu bedeuten haben. Ab und zu in den Gottesdienst gehen ist vielleicht gar nicht verkehrt. Andererseits – der normale Gottesdienst richtet sich eben auch nicht nur an Jugendliche. Das merkt man schon am Musikgeschmack und der Auswahl der Lieder. Ich halte euch zwar für alt genug, dass ihr auch aus dem normalen Gottesdienst was Gutes für euch ziehen könntet. Aber es geht auch einfacher.

Ihr könnt mich als euren Pastor um Rat fragen und ich will mir Mühe geben, euch richtig und gut zu beraten. Das ist nicht schlecht und ich mache das wirklich gerne. Aber wahrscheinlich ist das eher eine Möglichkeit, wenn die Probleme wirklich groß und schwerwiegend sind. Kostet euch ja doch wohl eine ganz schöne Überwindung.

Ihr könntet euch die Mühe machen, selber mal in die Bibel zu gucken und z. B. mal die Evangelien zu lesen. Alles, was man über Jesus wissen muss, steht da drin. Das erfordert allerdings ein bisschen Mühe, ich weiß nicht, ob ihr euch das gönnen wollt. Es geht auch einfacher.

Es gibt einen Weg, den ich euch wärmstens ans Herz legen. Macht mit bei der Jugendarbeit. Kommt mit zur evangelischen Jugend. Ihr erinnert euch an die Konferfreizeit, und ich weiß, dass die euch Spaß gemacht hat. Die Angebote, die ihr jetzt bekommt, sind noch viel besser. Ihr könnt viel erleben und eine gute Gemeinschaft erfahren. Und ganz nebenbei bleibt ihr im Glauben, erfahrt mehr darüber, was Gott und Jesus wollen, und seid im Gespräch mit Gleichaltrigen oder Teamern, die ein paar Jahre älter sind.

Mein guter Rat an euch: Nehmt eure Konfirmation und euer Versprechen, das ihr heute ablegt, als Anlass, richtig durchzustarten. Entscheidet euch für das, was gut für euch ist. Bleibt am Ball, was den Glauben angeht.

Glaube wächst
Konfirmationspredigt über 1 Kor 13,11

Micaela Strunk-Rohrbeck

Die Idee mit dem Duplostein stammt aus einer Predigt von Eckhard Herrmann zu Röm 1,16f. (www.predigtpreis.de)

Liebe Konfirmandinnen und Konfirmanden, liebe Eltern und Paten, liebe Gemeinde! Ich habe uns heute etwas mitgebracht – einen Duplostein. Vermutlich kann man ihn auf den hinteren Plätzen nicht so gut erkennen, aber das macht nichts. Denn die meisten von uns wissen, wie ein Duplostein aussieht – ja, mehr noch: wie er sich anfühlt und was man damit machen kann.
Ich schätze, viele von euch Jugendlichen haben vor 11, 12 Jahren mit Duplosteinen gespielt. Das ist ja so ein Klassiker im Kinderzimmer. Erinnert ihr euch noch? Ihr habt eure ersten Häuser gebaut oder einen Turm, eine Eisenbahn oder irgendein Phantasiegebilde. So habt ihr euch als kleine Kinder eure Welt erschlossen.
Solch ein Duplostein ist ja ein wundervolles Spielzeug. Er spricht die Phantasie an, er ist vielseitig verwendbar, und – ganz wichtig! – er ist praktisch unverwüstlich. Der Erfinder hat von vornherein im Blick gehabt, dass kleine Kinder nicht so besonders vorsichtig mit ihren Spielsachen umgehen. Da wird solch ein Plastikklotz schon mal quer durchs Zimmer geschmissen. Macht nichts! Man könnte den Stein auch von einem Hochhaus werfen – er bliebe, wie er ist. Angeblich kann man sogar mit einem Bus drüberfahren, ohne dass der Stein kaputtgeht. Also – ein wirklich langlebiges Spielzeug, zeitlos, praktisch und beliebt bei Generationen von Kindern.
Das Geheimnis ihrer Beliebtheit liegt vermutlich in der Einfachheit dieser Steine. Man kann sofort etwas damit anfangen, ohne Vorwissen, ohne Übung, schon als ganz kleines Kind.

Und genauso einfach, liebe Konfirmandinnen und Konfirmanden, hat es bei euch und bei uns allen auch mit dem Glauben angefangen. Davon spricht Paulus im ersten Korintherbrief: »Einst, als ich noch ein Kind war, da redete ich wie ein Kind, ich fühlte und dachte wie ein Kind«, und ich ergänze jetzt mal: »und ich glaubte wie ein Kind«. So hat es für euch und für viele von uns Erwachsenen begonnen. Vielleicht hat die Mutter am Bett ein Abendgebet gesprochen und euch warm zugedeckt. Vielleicht hat der Vater ein Bibelbilderbuch vorgelesen. Vielleicht habt ihr gestaunt über Blüten und Käfer, und die Oma hat gesagt: »Das hat Gott gemacht.« Vielleicht habt ihr unterm Tannenbaum die Krippe entdeckt, und die Eltern haben von Jesus erzählt. Vielleicht habt ihr euch dann irgendwann Gott vorgestellt als alten Mann mit weißem Bart, der über den Wolken im Schaukelstuhl sitzt und auf die Menschen aufpasst. So hat es angefangen – mit gereimten Gebeten und kindgerechten Bibelgeschichten, mit einem ganz einfachen Bild von Gott und mit dem Gefühl: Der kümmert sich um mich, wie meine Eltern es tun.

Diese ersten Glaubensvorstellungen sind wie Duplosteine: einfach, praktisch und haltbar. Man kann eine Menge damit machen, und sie reichen eine Weile hin.

Aber irgendwann haben sie ihre Zeit gehabt – die kindlichen Glaubensvorstellungen ebenso wie die Duplosteine. Ihr habt euch neue Herausforderungen gesucht. Nach dem Duplo- kommt der klassische Legostein. So etwa vom vierten, fünften Lebensjahr an hält er Einzug im Kinderzimmer und erobert die Herzen der größeren Kinder. Das Leben wird bunter, die Herausforderungen größer. Ganze Welten habt ihr aus Legosteinen nachgebaut und neu erschaffen.

Und so wie das Spielzeug, so verändert sich im Laufe des Lebens auch unser Glaube, unser Gottvertrauen. Denn der Erlebnishorizont erweitert sich. Neue Erfahrungen müssen verarbeitet werden. Was ist, wenn ein geliebter Mensch krank wird und stirbt? Was ist, wenn ich mir Mühe gebe und trotzdem eine schlechte Note schreibe? Was ist, wenn meine Liebe zu einem Menschen nicht erwidert wird? Was ist, wenn unschuldige Menschen, sogar Kinder, von Terroristen umgebracht werden?

Unser Glaube kann nur Schritt halten, wenn er mit unserer Lebenserfahrung mitwächst. Paulus drückt das aus mit den Worten: »Als ich erwachsen war, habe ich die kindlichen Vorstellungen abgelegt.« Das heißt: Der alte Mann mit Bart aus Kindertagen wird nach und nach durch andere Bilder ersetzt.

Bei einem unserer Thementage haben wir uns mit euren Bildern von Gott beschäftigt – vielleicht erinnert ihr euch. Auf Holzfliesen habt ihr gemalt und gebastelt und gebaut, wie Gott für euch ist. Ich fand es faszinierend, dabei zuzusehen, und habe über die Ergebnisse gestaunt. Da gab es Gott als Held und Muskelprotz über den Wolken, aber da gab es auch Herzen, die Liebe verströmten. Da gab es ein Auge, das aufmerksam und interessiert zuschaute, da gab es einen weiten Himmel, der nach ganz viel Freiheit aussah, und da gab es eine Sonne, die leuchtete und wärmte und wachsen ließ. Das sind nur einige Beispiele für die lebendigen Gottesbilder, die ihr damals gestaltet habt.
Das ist jetzt ein halbes Jahr her. Heute würdet ihr vielleicht schon wieder ganz andere Vorstellungen entwickeln, andere Akzente setzen, je nach den Erfahrungen, die ihr gemacht habt. Denn unser Glaube entwickelt und verändert sich. Unser Glaubensgebäude ist nie fertig. Manchmal müssen wir sogar, wie beim Legobauen, ganze Teile abreißen und neu errichten. Denn wir merken: Das passt so nicht.

Das haben übrigens auch die Menschen so erlebt, von denen die Bibel erzählt. Auch sie machen ganz unterschiedliche Erfahrungen mit Gott, und ihr Glaube entwickelt und vertieft sich durch schöne und schwere Erlebnisse, die sie haben.
Als Beispiel greife ich jetzt mal den Propheten Elia heraus – einfach deshalb, weil euer Konfirmandenjahrgang den Namen »Elia« trägt. Für Elia war Gott lange Zeit der Starke und Mächtige, der seine Feinde mit Feuer und Schwert vernichtet. So wünschen wir uns Gott ja auch oft: als einen, der dreinschlägt und die Übeltäter plattmacht. Aber dann hat Elia ein Erlebnis, bei dem er Gott ganz anders erlebt: nicht im Sturm, der Felsen zerbricht, nicht im Erdbeben, das das Unterste zuoberst kehrt, nicht im Feuer, das alles verzehrt – sondern in einem stillen, sanften Wehen. Ein zärtliches Bild von Gott ist das. Es erinnert mich an den Gott, den Jesus viele Jahrhunderte später gepredigt hat, den barmherzigen Vater. Elia jedenfalls musste sein Glaubensgebäude gehörig renovieren, um diese Erfahrung mit einzubauen.
Zum Glück können Menschen sich ein Leben lang weiterentwickeln. Ich kann mich noch gut erinnern: Als ich vierzehn war, da fühlte ich mich schon ziemlich erwachsen und gereift. Ich dachte: Da kann jetzt eigentlich nicht mehr viel kommen. Im Grunde habe ich jetzt den Durchblick und bin fertig mit meiner Entwicklung. Heute staune ich

darüber, wie viel ich seitdem an meinem Lebensgebäude weitergebaut habe, wie bunt es geworden ist und welche neuen Räume immer noch dazu kommen.
Und das gilt auch für den Glauben. Der ist auch nie fertig. Nicht mit der Religionsmündigkeit, nicht mit der Konfirmation, und auch nicht, wenn jemand ein abgeschlossenes Theologiestudium hinter sich hat und zur Pfarrerin ordiniert wurde.

Natürlich ist eure Konfirmation heute ein wichtiger Einschnitt – das will ich nicht kleinreden. Dieser Tag ist ein Sinnbild dafür, dass ihr nach und nach die Kindheit hinter euch lasst. Ihr werdet immer selbstständiger, ihr fällt eure eigenen Entscheidungen und tragt Verantwortung für die Konsequenzen. Viele spannende Erfahrungen erwarten euch: Ihr werdet irgendwann mit der Schule fertig sein und euch für einen Beruf entscheiden. Ihr werdet überlegen, wo und wie ihr leben wollt und mit wem. Ihr werdet aber auch immer wieder neu entscheiden müssen, was in eurem Leben wichtig ist, für welche Werte und Ziele ihr euch einsetzen wollt – allein oder gemeinsam mit anderen.
Der heutige Tag lädt euch ein, euer Lebens- und Glaubensgebäude mutig weiterzubauen. So wie euer Leben nicht bei dem stehenbleibt, was heute ist, so soll sich auch euer Glaube, euer Vertrauen in Gott weiterentwickeln und vertiefen.

Das Wichtigste ist dabei allerdings das Fundament. So wie ein Legohaus erst stabil ist durch die Bodenplatte, auf der es steht, so kann auch der Glaube nur wachsen, wenn er auf tragfähigem Grund steht. An dieses Fundament werdet ihr heute erinnert. Es ist Gottes Zusage, die er jeder und jedem von euch in der Taufe gegeben hat: Du bist mein geliebtes Kind, du gehörst zu mir. Ich habe dein Leben gewollt, und ich habe dich als einzigartige Persönlichkeit geschaffen. Ich begleite dich durch dein Leben, und mit Jesus Christus zeige ich dir, wie das gelingen kann. Diese Zusage, dieses Fundament bleibt bestehen, auch wenn euer Lebenshaus Stürmen ausgesetzt ist, auch wenn es mal wankt oder bröckelt.
Von heute an dürft ihr selbstständig weiterbauen – und ihr seid dabei nicht allein. Das Gute am christlichen Glauben ist ja, dass er uns in eine Gemeinschaft stellt. Niemand muss alleine bauen. Im Gegenteil: Unser Glaube, unser Gottvertrauen gewinnt Kraft und Gestalt auch durch die

vielen Menschen, die mitbauen am Haus des Glaubens. Das sind z. B. die Menschen aus der Bibel, die uns an ihren Erfahrungen mit Gott teilhaben lassen. Das sind aber auch Menschen heute, Christen und Christinnen in aller Welt, die oft unter ganz schwierigen Bedingungen versuchen, Gottes Liebe in unsere Zeit hineinzuleben.
Lasst euch diese Chance nicht entgehen: Bleibt in dieser Gemeinschaft. Stellt auch nach der Konfirmation kritische Fragen und versucht eigene Antworten. Redet mit anderen über den Glauben. Probiert aus, wie Nächstenliebe im Alltag praktisch werden kann. Ich denke, so kann euer Lebens- und Glaubensgebäude zu einem guten Zuhause für euch werden. Dazu wünsche ich euch Gottes Segen.

Weiter Raum
Konfirmationspredigt über Ps 31,9b

Micaela Strunk-Rohrbeck

Pandemiebedingt fand die Konfirmation des Jahrgangs 2018–2020 nicht am Sonntag nach Ostern, sondern erst im September statt. Zum Gottesdienst zugelassen waren nur die Jugendlichen mit ihren Eltern, Patinnen und Paten. Der Gottesdienst wurde ohne Abendmahl gefeiert.

Liebe Konfirmandinnen und Konfirmanden! Ich möchte euch heute eine Geschichte erzählen. Sie steht nicht in der Bibel, aber sie hat doch viel mit dem Leben und mit dem Glauben zu tun, und deshalb passt sie in diesen Gottesdienst. Es ist die Geschichte vom schwarzen Punkt. Eines Tages kam der Lehrer in die Klasse und ließ unangekündigt einen Test schreiben. Wie immer verteilte er die Aufgabenblätter mit dem Text nach unten. Und wie so oft murrten die Schüler. Doch als sie die Blätter umdrehten, waren sie überrascht. Statt der Aufgaben war nur ein schwarzer Punkt darauf zu finden, genau in der Mitte. »Schreibt einfach auf, was ihr auf dem Blatt seht«, sagte der Lehrer und setzte sich an seinen Tisch. Für einen Moment waren die Schülerinnen und Schüler unschlüssig, doch dann begannen sie zu arbeiten.
Nach einer Weile sammelte der Lehrer die Testblätter ein und begann, die entstandenen Betrachtungen laut vorzulesen. Durch die Bank hatten alle Schüler über den schwarzen Punkt geschrieben: über seine Position in der Seitenmitte, über seine Größe im Verhältnis zum Papierformat und so weiter.
Am Ende lächelte der Lehrer und sagte: »Ich wollte euch eine Aufgabe mit offenem Ausgang stellen. Niemand hat etwas über den freien Raum um den Punkt herum geschrieben – über den weißen Teil des Papiers. Jeder hat sich auf den schwarzen Punkt konzentriert. Das Gleiche machen wir in unserem Leben. Wir haben ein weißes Blatt erhalten, um den Freiraum darauf zu benutzen und zu beschreiben. Aber wir haben immer nur die dunklen Flecken im Blick.« *(Quelle unbekannt)*

Liebe Konfirmandinnen und Konfirmanden: »Du stellst meine Füße auf weiten Raum.« (Ps 31,9b) Dieser Vers aus dem 31. Psalm fiel mir spontan ein, als ich diese Geschichte zum ersten Mal las. Es ist nur ein ganz kurzer Satz – aber er eröffnet einen weiten Horizont. Deshalb habe ich diesen Bibelvers für den heutigen Festtag als Motto ausgesucht: »Du stellst meine Füße auf weiten Raum.« Das schenkt uns eine Perspektive, die ins Freie führt – und Freiheit ist ja ein Gedanke, der gut zum Fest der Konfirmation passt.

Zuerst mal gilt das ganz vordergründig: Endlich kein Konfirmandenunterricht mehr und keine Pflicht mehr zum Gottesdienstbesuch! Das war allerdings im letzten halben Jahr ohnehin schon so, und ich weiß nicht, ob ihr das schon als Freiheit empfunden habt. Etwas hintergründiger bedeutet das Fest der Konfirmation für viele Jugendliche: Endlich von den Erwachsenen anders wahrgenommen werden! Endlich manches dürfen, was vorher vielleicht noch verboten war! Das ist tatsächlich eine verlockende Perspektive. Kein Wunder, dass dieser Tag eine Art Sehnsuchtstermin ist – für euch Jugendliche, aber auch für eure Eltern, ja, für die ganze Familie.

»Du stellst meine Füße auf weiten Raum.« Heute ist es nun endlich so weit. Ihr Jugendlichen vom Konfirmandenjahrgang »Immanuel« habt besonders lange auf diesen Sehnsuchtstag warten müssen. Wie alle anderen vor euch seid ihr zwei Jahre lang zum Konfirmandenunterricht gegangen. Ihr habt euch über verschiedene Themen des Glaubens Gedanken gemacht, ihr habt Gottesdienste mitgestaltet und habt in einem Praktikum erlebt, was sonst noch so alles in der Kirchengemeinde geschieht. Davon habt ihr dann am 1. März im Vorstellungsgottesdienst erzählt. Aber plötzlich wurdet ihr ausgebremst – nur wenige Tage, nachdem wir alle Absprachen für den großen Tag getroffen hatten.

Die zurückliegenden Monate waren dann für uns alle eine unsichere und belastende Zeit. Auf einmal waren Straßen und Plätze leer, es gab keine Schule, keine Treffen mit Freunden, kein Training im Verein. Viele Termine mussten abgesagt oder verschoben werden. Das war kein »weiter Raum«, sondern ein »leerer Raum«, der einem Angst machen konnte oder zumindest richtig nervte.

Inzwischen hat sich die Lage entspannt. Wir sind noch vorsichtig, aber wir haben uns in einer neuen Normalität eingerichtet. Wir können eure

Konfirmation fast so feiern wie geplant, wenn auch ohne Abendmahl. Aber die Erfahrungen dieser letzten Monate schwingen mit, wenn wir heute hören: »Du stellst meine Füße auf weiten Raum.« Viele Menschen haben ein neues Gefühl dafür bekommen, wie schön es ist, gesund zu sein, nach draußen gehen zu können, Familie und Freunde zu treffen. Ja, sogar zur Schule gehen zu dürfen kann sich wie Freiheit anfühlen.

Es kommt eben immer darauf an, wohin ich meinen Blick richte. So ist es ja auch in der Geschichte vom schwarzen Punkt, die ich eingangs erzählt habe. Der Lehrer hatte nur gesagt: »Schreibt einfach auf, was ihr auf dem Blatt seht.« Und die Schülerinnen und Schüler schrieben alle über den schwarzen Punkt – obwohl er doch nur einen Bruchteil der weißen Seite bedeckte. Mich hat es angesprochen, wie der Lehrer den Vergleich zu unserem Leben zieht, indem er sagt: »Wir haben ein weißes Blatt erhalten, um den Freiraum darauf zu benutzen und zu beschreiben. Aber wir haben immer nur die dunklen Flecken im Blick.«

Tatsächlich: Auf die dunklen Flecken sehen, das engt das Blickfeld total ein – und zwar auch dann, wenn wir gerade nicht mit Corona zu tun haben. Denn es gibt ja in jedem Leben solche dunklen Flecken, die einen beschäftigen können. Die heißen dann vielleicht: »Ich habe so viele Pickel« oder »Ich bin schlecht in Sport« oder »Ich bin so schüchtern« oder »Die anderen lachen über mich« oder »Ich kann nicht gut reden« oder »Ich kann mir finanziell nicht so viel leisten wie die anderen.« Diese sogenannten Flecken sind ja tatsächlich da, die brauche ich nicht zu verbergen oder abzustreiten. Aber die machen mich doch nicht aus! Das, was ich an mir oder an meinem Leben nicht so toll finde, das ist doch bei näherer Betrachtung oft nur ein kleiner Fleck auf einer großen hellen Fläche. Warum sollte ich dort immer hinstarren? Wieso nutze ich nicht viel lieber die großartigen Möglichkeiten, die sich mir sonst noch bieten?

»Du stellst meine Füße auf weiten Raum«, sagt ein Mensch im 31. Psalm. Durch diesen ganzen Psalm hindurch schlägt er sich mit den Lasten seines Lebens herum: mit Leuten, die ihm Böses wollen, mit Fehlern, die er selbst gemacht hat, mit dem, was andere über ihn denken oder sagen. Aber dann blitzt zwischen diesen Klagen immer wieder die Zuversicht auf: Du, Gott, hältst zu mir. Du schenkst mir Geborgenheit. »Du stellst meine Füße auf weiten Raum.«

Liebe Jugendliche, heute werdet ihr eingeladen in den weiten Raum, den Gottes Liebe euch eröffnet. Ihr werdet berufen zur Freiheit eines mündigen Christenmenschen. Diese Freiheit ist allerdings das Gegenteil von Egoismus und Rücksichtslosigkeit. Als mündiger Christ, als mündige Christin lerne ich immer neu darauf zu vertrauen, dass Gott mein Leben in der Hand hält. Deshalb kann ich von mir selbst absehen und schauen, wo andere mich brauchen: mein aufmerksames Zuhören, meine tatkräftige Unterstützung, mein klares Einschreiten, wo jemand schlecht gemacht wird, meine Fürsorge und auch mein Gottvertrauen. In dem Friedensgebet, das wir nachher gemeinsam sprechen, werden viele Schritte genannt, die wir in dem weiten Raum gehen können, den Gott uns schenkt.

Ich wünsche euch, dass ihr in diese Freiheit eines Christenmenschen weiter hineinwachst. Ich wünsche euch, dass ihr unter dem Segen Gottes gute Lebensmöglichkeiten für euch findet und auch anderen Menschen zu einem gelingenden Leben helft. Ich wünsche euch, dass ihr immer wieder staunend und dankbar sagen könnt: »Gott, du stellst meine Füße auf weiten Raum.«

Wüste
Konfirmationspredigt über Offb 21,6

Micaela Strunk-Rohrbeck

Liebe Konfirmandinnen und Konfirmanden! Ich möchte euch heute eine Geschichte erzählen. Sie steht zwar nicht in der Bibel – aber sie hat etwas mit dem Glauben zu tun, und deswegen, finde ich, passt sie in unseren heutigen Gottesdienst. Sie heißt: »Die Parabel vom modernen Menschen«.

»Ein moderner Mensch verirrte sich in einer Wüste. Tage- und nächtelang irrte er umher. Wie lange braucht man, um zu verhungern und zu verdursten? Das überlegte er sich beständig. Er fieberte. Wenn er erschöpft ein paar Stunden schlief, träumte er von Wasser, von Orangen und Datteln. Dann erwachte er zu schlimmerer Qual und taumelte weiter. Da sah er in einiger Entfernung eine Oase. Aha, eine Fata Morgana, dachte er. Eine Luftspiegelung, die mich narrt und zur Verzweiflung treiben wird, denn in Wirklichkeit ist gar nichts da. Er näherte sich der Oase, aber sie verschwand nicht. Sie wurde im Gegenteil immer deutlicher. Er sah die Dattelpalmen, das Gras und die Felsen, zwischen denen ein Quell entsprang. Es kann natürlich eine Hungerphantasie sein, die mir mein halb wahnsinniges Hirn vorgaukelt, dachte er. Solche Phantasien hat man ja in meinem Zustand. Natürlich – jetzt höre ich sogar das Wasser sprudeln. Eine Gehörhalluzination. Wie grausam die Natur ist! Mit diesen Gedanken brach er zusammen. Er starb mit einem lautlosen Fluch auf die unerbittliche Bösartigkeit des Lebens.

Eine Stunde später fanden ihn zwei Beduinen. »Kannst du so etwas verstehen?«, sagte der eine Beduine zum anderen. »Die Datteln wachsen ihm beinahe in den Mund – er hätte nur die Hand auszustrecken brauchen. Und dicht neben der Quelle liegt er, mitten in der schönsten Oase – verhungert und verdurstet. Wie ist das nur möglich?«

»Er war halt ein moderner Mensch«, antwortete der andere Beduine. ›Er hat nicht daran geglaubt.‹«

P. Bleeser (Hg.), Geschichten zwischen Himmel und Erde, Düsseldorf 1985, 103

Liebe Konfirmandinnen und Konfirmanden! »Wer Durst hat, dem gebe ich umsonst zu trinken. Ich gebe ihm von der Quelle, aus der das Wasser des Lebens fließt.« (Offb 21,6) Dieser Vers aus dem letzten Buch der Bibel steht vorne auf unserem Gottesdienstprogramm. Es ist die sogenannte Jahreslosung für das Jahr 2018, ein Bibelvers, der uns durch dieses Jahr begleitet. Er soll uns auch heute, am Tag eurer Konfirmation, Denkanstöße geben. Denn es ist ein Satz vom Suchen und Finden, von der Sehnsucht und von der Erfüllung. Und die Geschichte vom modernen Menschen veranschaulicht ganz gut, finde ich, was dieser Vers meint.

Diese Geschichte beginnt mitten in der Wüste, dort, wo kaum Leben möglich ist. Damit ist das Szenario auf den ersten Blick allerdings weit weg von der festlichen Stimmung, die heute Morgen bei uns hier herrscht. Heute und hier ist das pralle Leben ja mit Händen zu greifen. Ihr Jugendlichen strotzt geradezu vor Lebendigkeit. Dies ist euer Tag, lange herbeigesehnt – wahrscheinlich habt ihr noch nie so im Mittelpunkt gestanden wie heute. Die ganze Familie bemüht sich um euch. Der äußere Rahmen – die neuen Klamotten, das Festessen, die Geschenke –, das alles spiegelt das Besondere dieses Tages wider. Vermutlich seid ihr ein bisschen verlegen – und zugleich sehr stolz. Auf jeden Fall aber merkt ihr: Heute ist ein Fest des Lebens! Von Wüste ist da also erstmal keine Spur.

Und doch kennen wohl die meisten von uns auch dieses andere Gefühl: Mein Leben ist öde und eintönig wie eine Wüste. Mein Alltag fühlt sich oft ziemlich leer und langweilig an. Verrückterweise erlebe ich dieses Wüstengefühl manchmal sogar, wenn ich nicht zu wenig, sondern zu viel von allem habe: zu viele Informationen aus den Nachrichten, zu viele Kontakte in den sozialen Medien, zu viele Bilder in meinem Kopf, zu viele Termine und Events in meinem Kalender, zu viel Auswahl beim Einkaufen, zu viele Möglichkeiten für meine Zukunft. Auch eine Übersättigung kann sich manchmal wie eine Wüste anfühlen. Da kann ich mich schon mal verlaufen – so, wie es dem Menschen in unserer Geschichte passiert. Er hat die Richtung für seinen Weg verloren und irrt orientierungslos umher. Nur in seinen Träumen weiß er genau, was er braucht, wie sein Durst gestillt werden könnte.

Und auf einmal scheint sein Traum wahr zu werden. Mitten in der Wüste seines Lebens ist Rettung in Sicht: eine Oase mit grünem Gras;

Dattelpalmen wiegen sich im Wind; eine Wasserquelle sprudelt zwischen den Felsen. Aber der Mensch traut seinen Sinnen nicht. Es wäre ja zu schön, um wahr zu sein, denkt er wohl, wenn ich doch noch das bekäme, was mir fehlt, wenn mein Durst doch noch gestillt würde. Und so bricht er direkt vor der Quelle zusammen.
Kurz darauf finden ihn zwei Wüstenbewohner und fragen sich: Warum hat der nicht einfach die Hand zur rettenden Quelle ausgestreckt? Und sie geben sich selbst die Antwort: »Er war halt ein moderner Mensch. Er hat nicht daran geglaubt.«

Liebe Konfirmandinnen und Konfirmanden! Was heißt eigentlich »glauben«? In den vergangenen zwei Jahren haben wir uns ja mit ganz verschiedenen Themen des Glaubens beschäftigt. Klar – ihr habt auch ein paar zentrale Texte auswendig gelernt wie das Glaubensbekenntnis, das Vaterunser oder den 23. Psalm. Aber ich hoffe, ihr habt auch gemerkt, dass beim christlichen Glauben ganz etwas anderes viel wichtiger ist, nämlich die Zusage: Dass ich lebe, ist kein Zufall, sondern Gottes Einfall. Er hat mir mein Leben geschenkt mit allen Begabungen und Herausforderungen. Ihm kann ich vertrauen, denn er ist für mich da. Er ist wie die Oase in unserer Geschichte, wie die Quelle in der Wüste, die Leben möglich macht, wie das Ziel, an dem mein Lebensdurst gestillt wird.
Allerdings: Eine Oase, die ich nur von außen angucke, die löscht meinen Durst nicht. Ich muss schon die Hand ausstrecken und von dem Wasser trinken. Ich muss mir einen Ruck geben und darauf vertrauen, dass es genau das ist, was mir hilft.
Viele Menschen halten Gott heutzutage für eine Fata Morgana, für eine Einbildung, der sie nicht trauen. Es ist heute ziemlich ›in‹, nicht mehr an Gott zu glauben. Aber gleichzeitig staune ich immer wieder, welchen Blödsinn Menschen bereit sind zu glauben: Auf welche Werbestrategien und Fake News fallen Menschen nicht alles herein! Von welchen Versprechungen lassen sich Menschen nicht alles locken! Zu welchen verrückten Handlungen lassen sie sich nicht alles verleiten!
Ihr Jugendlichen seid in einem Alter, wo ihr vieles hinterfragt, was euch Erwachsene sagen – seien es eure Eltern, eure Lehrerinnen und Lehrer oder ich als Pastorin. Ihr seid gegenüber vielen Behauptungen skeptisch und kritisch – das ist euer gutes Recht. Wenn ihr heute konfirmiert werdet, dann bedeutet das deshalb nicht, dass euer Nachdenken

über den christlichen Glauben mit dem heutigen Tag abgeschlossen ist. Ich hoffe aber, dass ihr in diesen zwei Jahren den christlichen Glauben kennengelernt habt als ein Angebot für euer Leben. Das Vertrauen auf Gott will euch helfen, auch die Durststrecken in eurem Leben zu überstehen. Die Orientierung an Jesus Christus will euch Maßstäbe geben, wie euer Leben gelingen kann.

Allerdings: Ausprobieren müsst ihr das schon selbst – und zwar nicht nur einmal, sondern immer wieder, in ganz unterschiedlichen Lebenssituationen. Der heutige Tag will euch Mut machen: dass ihr von jetzt an selbständig euren Glauben lebt und damit Erfahrungen macht.
Dabei kann euch z.B. euer Konfirmationsspruch helfen. Schaut ihn euch immer mal wieder an und versucht, ihn mit eurem Alltag in Verbindung zu bringen.
Oder versucht es mal mit dem Beten – und zwar nicht nur als Notnagel vor Klassenarbeiten. Wenn ihr euch bei Gott für etwas Schönes bedankt, oder wenn ihr Gott einfach mal all das erzählt, was euch beschäftigt und was ihr vielleicht niemandem sonst sagen könnt – dann werdet ihr merken, dass ihr beim Beten die Welt mit anderen Augen sehen lernt.
Oder ihr könnt Erfahrungen mit dem Glauben machen, indem ihr etwas von dem ausprobiert, was Jesus gesagt hat: »Liebe deinen Nächsten« beispielsweise. Versucht mal, für einen Mitmenschen mit seinen Eigenarten genau so viel Verständnis aufzubringen wie für euch selbst – auch da werdet ihr merken, dass ihr den anderen auf einmal in einem ganz anderen Licht seht.

Also: Habt den Mut, eure Hand auszustrecken nach der Quelle des Lebens. Versucht, eure eigenen Erfahrungen mit dem Glauben zu machen, jeden Tag neu. Vertraut euch immer wieder Gott an. Denn er hat uns versprochen: »Wer Durst hat, dem gebe ich umsonst zu trinken. Ich gebe ihm von der Quelle, aus der das Wasser des Lebens fließt.«

Nicht nur aus eigener Kraft
Konfirmationspredigt auf dem Rad

Martin Vogt

Diese Predigt habe ich in einer ziemlich großen Kirche gehalten: relativ breite Gänge in der Mitte und an der Seite, außerdem ein erhöhter Altar. Die Predigt kann man aber auch in kleineren Kirchen halten.
Idealerweise sollte diese Predigt halbwegs frei gehalten werden, damit man auf dem Fahrrad nicht mit diversen Zetteln hantieren muss. Wer eine Tasche für den Fahrradlenker hat, kann daran einen Zettel mit den wichtigsten Stichpunkten befestigen. Und wenn man den Talar ein bisschen rafft, kann man damit auch problemlos Fahrrad fahren, ohne dass der Stoff in die Speichen gerät.

(Mit dem Fahrrad in die Kirche hineinfahren und vorne vor dem Altar halten)

Liebe Konfirmandinnen und liebe Konfirmanden, ich nehme an, ihr könnt alle Fahrrad fahren. Ihr habt es irgendwann als Kinder gelernt. Und jetzt ist es für euch gar kein Problem mehr. Dabei werdet ihr natürlich auch immer selbständiger. Früher seid ihr nur in Begleitung gefahren. Als ihr noch Stützräder hattet. Da sind eure Eltern mit euch gefahren oder eure Großeltern, vielleicht auch mal ältere Geschwister. Und die Großen haben aufgepasst, dass nichts passiert. Heute dagegen fahrt ihr praktisch nur noch ohne Aufsicht. Allein oder mit Freunden. Jedenfalls braucht ihr keinen mehr, der die ganze Zeit auf euch aufpasst.
Diese zunehmende Bewegungsfreiheit ist ein Zeichen für eure Selbständigkeit. Die wird immer größer. In allen Bereichen des Lebens. Auch in puncto Glauben. Ihr glaubt nicht mehr alles, was man euch erzählt. Ihr glaubt nicht mehr an den Osterhasen oder den Weihnachtsmann und auch nicht mehr daran, dass der Klapperstorch die kleinen Babys bringt. Auch im Unterricht habt ihr nicht alles, was ich gesagt habe, einfach übernommen, sondern vieles hinterfragt. Das ist auch gut so.

An diesen Beispielen wird deutlich: Ihr trefft immer häufiger eigene Entscheidungen. Ihr bildet euch eure Meinungen selbst und bastelt an euren eigenen Vorstellungen. Ihr geht euren eigenen Weg. Will heißen: Ihr fahrt los.

(Mit dem Fahrrad einmal durch den Mittelgang fahren bis hinten hin)

Und auf einmal merkt ihr: Es ergeben sich ganz neue Perspektiven. Hier hinten sieht die Welt plötzlich völlig anders aus als da vorne. Hier sitzen andere Leute. Die meisten gucken ganz nett. Einige sind ein bisschen überrascht. Einige denken vielleicht: »Ich dachte, ich hab' hier hinten meine Ruhe. Und jetzt ist auf einmal der Pastor da.«
So ist das mit dem Fahrradfahren: Man kommt in neue Gegenden, lernt neue Sichtweisen kennen. Und manchmal gibt's überraschende Begegnungen.

(Vom Fahrrad absteigen)

Und dann merkt man: Gut, dass ich damals Fahrradfahren gelernt habe. Hat sich gelohnt, der Aufwand. Denn, das wissen wir alle: Am Anfang ist es nicht leicht mit dem Fahrradfahren. Aber man kann es lernen.
Das unterscheidet das Radfahren vom Glauben. Man kann eine Menge über den Glauben lernen. So war es ja auch im KU: Ihr habt einiges über die Bibel gelernt, die Zehn Gebote, über Jesus und so weiter. Aber den Glauben selbst – den habt ihr nicht erlernt. Den kann man nicht erlernen. Der ist ein Geschenk. Ein Geschenk wie das Leben selbst. Das Leben und der Glaube: das sind beides Geschenke, die ihr vor einigen Jahren bekommen habt. So, wie ihr irgendwann euer erstes Fahrrad bekommen habt.
Und wenn man so ein Geschenk bekommen hat, dann braucht man eines ganz besonders – gerade am Anfang. Man braucht Mut. Man muss sich erst mal trauen, zu glauben. Und man muss darauf vertrauen, dass einen der Glaube trägt. So wie man darauf vertrauen muss, dass einen das Fahrrad trägt. Dieses wackelige Ding, das noch nicht mal alleine stehen kann.

(Vormachen, wie das Fahrrad umfallen kann)

Das soll funktionieren, wenn ich mich da draufsetze? Das fällt echt nicht um? Am Anfang braucht man dafür wirklich ganz schön viel Mut. Das haben wir alle gemerkt, als wir das erste Mal Fahrrad fahren sollten. Ohne Stützräder, wohlgemerkt!

(Auf das Fahrrad setzen)

Aber wenn man den Mut dann aufbringt, wenn man sich traut, loszufahren, dann merkt man: Es funktioniert tatsächlich!

(Wieder zurück in den Altarraum fahren)

Dieses komische Ding auf zwei Rädern fährt wirklich. Sogar einigermaßen sicher. Ich kann sogar um die Kurve fahren. Oder ein paar kleine Schlenker machen. Nichts passiert.
Und so ist das auch mit dem Glauben: Man kann ihn zwar nicht erlernen. Aber man braucht Mut, um sich darauf einzulassen. Es ist gar nicht so einfach, den Gedanken zuzulassen, dass es mehr gibt als das, was wir sehen und begreifen können. Es kostet etwas Überwindung, zuzugeben, dass wir unser Leben nicht selbst in der Hand haben. Und dass wir im Leben schon eine Menge geschenkt bekommen haben, ohne dass wir uns das verdient hätten: Glück oder Freude, Liebe oder Bewahrung. Vielleicht bei einem Unfall oder einer anderen kritischen Situation. Bei einer Krankheit oder einer Operation. Solche Gedanken – oder solche Einsichten – sind manchmal gar nicht so leicht. Vielleicht sind sie auch gar nicht so schön. Viel schöner ist es doch, sich vorzustellen: Ich kann alles alleine. Ich brauche keinen Gott und kein Glück und keinen Glauben.

(Fahrrad abstellen)

Das geht natürlich auch. Man kann so leben. Man kann Gott ausblenden aus seinem Leben und den Glauben hinter sich lassen. Und sich allein auf den Weg machen. Aber dann muss man eben alles allein machen. Dann kann man sich nur auf die eigenen Kräfte verlassen.
Da ist es auch wie mit dem Fahrradfahren: Ich kann natürlich sagen: »Ein Fahrrad? Das brauch' ich nicht. Ist ein überflüssiges Hilfsmittel. Nur was für kleine Kinder. Ich komme alleine klar.« Ja, gut, dann macht man sich eben allein auf den Weg und geht zu Fuß.

(Losgehen in die Kirche hinein)

So kommt man auch vorwärts. Es ist nur viel mühsamer. Ich muss alles selbst machen und habe nicht die Hilfe, die ich haben könnte. So wird das Leben unnötig schwer und ich bin jetzt erst bei der fünften Bankreihe, obwohl ich eigentlich schon dahinten sein könnte, wenn ich das Fahrrad genommen hätte.

(Wieder zurück zum Fahrrad gehen)

Natürlich geht es mit dem Fahrrad auch nicht von alleine. Man muss in die Pedale treten, um vorwärtszukommen. Und wenn man längere Zeit nicht gefahren ist, dann merkt man, wie einem die Kondition fehlt. Die Älteren unter uns werden diese Erfahrung vielleicht schon gemacht haben, ich selbst habe sie auch schon machen müssen. Plötzlich bringt einen so ein kleiner Anstieg wie hier an der Hauptstraße richtig aus der Puste. Vom Kreuzberg oder vom Buchweg gar nicht zu reden. Es wird immer schwerer, überhaupt auf das Fahrrad zu steigen.

(Auf das Fahrrad steigen, ggf. diesmal etwas schwerfällig)

Da braucht man ein Weilchen, um wieder in Form zu kommen.
Auch das ist beim Glauben ähnlich. Wenn man sich lange nicht darum gekümmert hat, kommt man aus der Übung. Plötzlich ist der Glaube etwas Fremdes, die Kirche ist einem nicht mehr vertraut und die Beziehung zu Gott ist ziemlich abgekühlt. Das ist dann ein echtes Hindernis. Genau wie wir manchmal beim Fahrradfahren an Hindernisse stoßen.

(Mit dem Fahrrad an die Treppenstufen zum Altar fahren)

Die Erfahrung haben einige von euch sicher auch schon gemacht: Manchmal kommt man nicht weiter. Da hilft es auch nicht, sich abzustrampeln. Da muss man schieben – oder im schlimmsten Fall auch mal das Fahrrad tragen.

(Das Fahrrad die Treppenstufen zum Altar hochtragen)

In so einer Situation kann man sich schon mal fragen: Warum habe ich das Ding eigentlich dabei? Wo es doch so schon schwer genug ist?
Und das kann man sich beim Glauben ja manchmal auch fragen: Warum soll ich mich darauf eigentlich einlassen? Warum soll ich den Glauben mit mir durchs Leben schleppen?
Denn auch mit dem Glauben gehen ja nicht plötzlich alle Wünsche in Erfüllung. Das Leben wird nicht auf einmal leicht und unproblematisch. Auch Stürze oder Pannen sind immer mal möglich. Und das sagt sich leicht so allgemein, ist aber ganz schön schwer, wenn man drinsteckt.
Wenn jedoch so eine kritische Phase überwunden ist, dann merkt man auch wieder, wie schön das ist und wie angenehm. Fahrrad zu fahren, vielleicht mit ein bisschen Rückenwind. An einem schönen Maitag wie heute.
Und auch mit dem Glauben geht es nach so einer Phase wieder besser.

(Sich aufs Fahrrad setzen)

Plötzlich merke ich: Ich muss den Glauben nicht mehr tragen, sondern jetzt trägt er wieder mich. Und das ist gut so. Das ist schön und macht vieles leichter. Wenn man das erlebt hat, dann merkt man mitunter auch, wie sich der Glaube verändert hat. Vielleicht ist er größer geworden, vielleicht fester, vielleicht auch zerbrechlicher.
Auch das werdet ihr erleben, wenn ihr eure eigene Fahrt durchs Leben macht. Dass sich Dinge verändern. Dass man um das kämpfen muss, was einem wichtig ist. Dass das manchmal harte Arbeit ist und manchmal gar nicht schön. Und dass man ab und zu den Mut braucht, um noch einmal neu loszufahren. Manchmal fast so viel Mut wie beim allerersten Mal.
Diesen Mut wünsche ich euch – immer wieder aufs Neue. Den Mut zum Losgehen oder Losfahren. Den Mut zum Leben und den Mut zum Glauben. Den Mut, sich immer wieder neu auf den Segen einzulassen, den Gott euch heute gibt und der euch auf eurer ganzen Fahrt durch das Leben begleiten wird.

Fünf Wünsche
Konfirmationspredigt über Ps 119

Klaus von Mering

Sie stammen aus der letzten oder vorletzten Konfirmation auf Langeoog, in dem ich nur noch fünf Jugendliche einzusegnen hatte – zerstörerische Auswirkung des Tourismus. Der Gottesdienst war aber dennoch sehr gut besucht, dank der vielen angereisten Familienangehörigen und der großen Zahl von Touristen.

Hinter den fünf Konfirmationssprüchen stehen fünf Wünsche an das Leben, die die Jugendlichen für sich selbst neu formuliert hatten:

»Unterweise mich!«: »Zeig mir, wo es langgeht!«
»Halte mich!«: »Lass mich nicht fallen!«
»Schütze mich!«: »Wir müssen leben, als wäre unsere Zukunft sicher.«
»Erneuere mich!«: »Lass mich nicht stehen bleiben bei dem, was mir im Moment wichtig ist.«
»Führe mich!«: »Meine Freiheit braucht Spielregeln, damit das Leben gelingt.«

»Unterweise mich!« Das ist wichtiger als Gold und Silber, sagt Psalm 119. Du hast dabei sicher auch an das Konfirmationsgeld gedacht. Auf das freut ihr euch auch, natürlich. Geld gibt die Freiheit, zu wählen; jeder von uns hat das gern. Das Gerede, die Konfirmanden ließen sich nur wegen des Geldes konfirmieren, ist heuchlerisch und verlogen. Als ob wir jeden Schein, der uns in die Hand gedrückt wird, mit überlegenem oder verächtlichem Lächeln zurückgäben. Die Frage ist nur: Sagt uns das Geld, wo's lang geht? Wenn ja, dann sind wir nicht besser als jeder kleine Trickbetrüger oder brutale Bankräuber! Man sieht: Das Geld muss argwöhnisch kontrolliert werden, damit es nicht anfängt, *uns* zu kontrollieren. Deshalb ist es richtig, im Zusammenhang der Konfirmation von Geld zu reden. Wir müssen ihm nur den ihm gebührenden Platz zuweisen!

»Halte mich!« Dahinter steht die Erfahrung des Schwindels. Das ist zunächst ein faszinierendes Gefühl, weil es stärker ist als meine Sinne und mein Wille. Jedes kleine Kind fängt irgendwann damit an, sich so lange zu drehen, bis es das Gleichgewicht verliert. Und irgendwann kommt für jeden Jugendlichen unweigerlich die Erfahrung des ersten Rausches. Wir müssen das durchmachen, um zu lernen: Man muss seine Sinne nicht benebeln, um das Leben schön zu finden. Wir müssen nicht schwindeln, um die Wahrheit zu ertragen. S. hat gesagt: Ich will klarsehen und nüchtern abwägen. Deshalb: Halte mich!

»Schütze mich!« Dahinter steht die Ahnung, wie bedroht das Leben ist. Die Schüler in Littleton bei Denver, die da plötzlich vor ihren erschossenen Kameraden standen – und vor denen, die schossen! –, die hätten sich das vorher nicht träumen lassen, auch nach dem hundertsten Krimi nicht. Wir können nicht anders: Wir müssen leben, als sei uns das Morgen sicher. Woher nehmen wir diese Zuversicht? Aus der Wundertüte des Galgenhumors? M. sagt: »Gott ist unsre Zuversicht und Stärke! Darum fürchten wir uns nicht!«

»Erneuere mich!« Wisch die Idole und Ideologien von gestern weg wie die Kreide an der Schultafel. »Schaffe in mir, Gott, ein reines Herz!« Ich höre immer wieder den Satz: Was gut und richtig ist, weiß ich. Dafür brauche ich nicht in die Kirche zu gehen. Das ist gerade so, als wenn einer seine Zeitung gelesen hat und anschließend hingeht, und sie abbestellt. Jeder von uns weiß: Sein Wissen wird ihm schon bald nichts mehr nutzen, nichts ist so alt wie die Zeitung von vorgestern. Die Bibel hat zwar einen längeren Atem, sie war schon vor hundert, vor fünfhundert, ja vor tausend Jahren dieselbe. Trotzdem wäre es töricht zu sagen: Ich habe die ganze Bibel durchgelesen, ich brauche sie nicht mehr (ich weiß, was ich sage; ich hab sie wirklich mal ganz durchgelesen!). Nein, das liegt im Wesen des Evangeliums: Fang von vorn an. Du darfst von vorn anfangen! Erneuere mich!

»Führe mich!« Psalm 23 redet vom Hirten und den Schafen. Die Schafe können genau unterscheiden, wann der Hirte mal eben über die Eisenbahnschienen steigt, um sich drüben nur einen Stock zu schneiden – dann bleiben sie zurück! – oder wann er sie hinüberführen will, weil gerade kein Zug kommt. Was ihnen Sicherheit gibt, ist ihr Vertrauen.

Freiheit und Vertrauen ergänzen sich, sind keine Gegensätze. Freiheit braucht Spielregeln, um Spaß zu machen – jedes Spiel beweist das. Wo das Chaos herrscht, herrscht die Gewalt. Das war das Perfide an dem Satz »Führer befiehl, wir folgen!«, dass man etwas an sich Richtiges genommen und etwas Mörderisches daraus gemacht hat. Das haben viele bis heute nicht durchschaut: die Neonazis nicht und die Älteren, die sagen: »Naja, alles war auch nicht falsch unter Adolf« – die auch nicht. Der gute Hirte will kein »Führer befiehl, wir folgen!« Wir sollen die eigenen Überlegungen und Gefühle und Warnungen nicht in den Wind schlagen. Wir sollen in Freiheit unterscheiden lernen, wann sein Wort uns ruft und rettet und wann da nur fromme Sprüche sind. Er setzt auf begründetes Vertrauen, nicht auf blinden Gehorsam. Dies unterscheiden zu lernen, ist ein Lebensziel für sich. Führe mich!

Fünf Wünsche an das Leben. Durch Gottes Segen, der euch heute zugesprochen wird, so dass ihr ihn auf dem Kopf fühlen könnt, wird in dem Kopf aus diesen Wünschen ein Gebet. Und wer so betet, entgeht der Gefahr, von der die Märchen mit der schönen Fee immer erzählen: dass die Menschen die Wünsche, die ihnen geschenkt werden, gedankenlos vertun und am Ende so arm dastehen wie vorher. Haltet an diesem Gebet fest! Und an der Gemeinschaft, in der wir es heute beten: Unterweise mich! Halte mich! Schütze mich! Erneuere mich! Führe mich!

Konfirmation eines jungen Erwachsenen im Gemeindegottesdienst

Corinna Hirschberg

Eingefügt nach Psalm und Lied; anschließend geht es mit Lied und Predigt (zum Taufvers) weiter.

Vorstellung mit Taufgedächtnis:
N. N. ist auf den Namen Gottes des Vaters, des Sohnes und des Heiligen Geistes getauft. Bei seiner Taufe damals haben seine Eltern und Paten das Glaubensbekenntnis für ihn gesprochen. Heute willst du, N., dein Ja zu dieser Taufe sagen und dich öffentlich zum christlichen Glauben selbst bekennen. Wir Getauften wollen nun gemeinsam mit dir unseren christlichen Glauben bekennen.
Wir tun das mit dem Lied: Wir glauben: Gott ist in der Welt (Durch Hohes und Tiefes 100)

Einführung
N. N. hat seinen Glauben in persönliche Worte gefasst, nämlich in ein Gebet. So beten wir innerlich mit ihm mit:

Gebet von N. N.:
Lebendiger Gott, heute komme ich zu dir, da ich dich und deine Güte in meinem Leben erfahren habe und mich auch öffentlich zu dir bekennen möchte. Danke, dass du heute bei mir bist und mir hilfst, mich öffentlich zu dir zu bekennen.

Lesung des Konfirmationsspruches in verschiedenen Sprachen (je nach Zusammensetzung der Gemeinde):

Lied: Komm, Heiliger Geist (Durch Hohes und Tiefes 67)

Segensgebet

Lebendiger Gott, du hast uns in der Taufe als deine Söhne und Töchter angenommen. Dafür danken wir dir und bitten dich für N. N.: Stärke seinen/ihren Glauben. Erfülle ihn/sie mit deiner Liebe. Gib ihm/ihr Zutrauen zu deinem Wort und einen Halt in der Gemeinschaft deiner Kirche. Lass ihm/ihr Gutes begegnen und auch für andere zum Segen werden. Und lass ihn/sie auch in schweren Zeiten deine Nähe erfahren.

Segnung

Gott, der die Liebe ist, schütze und behüte dich. Er umhülle dich mit seinem Segen und bewahre dich vor allem Bösen. Er leite deinen Gang nach seinem Wort und lasse dich zum Segen werden für die Menschen, die dir begegnen, heute und allezeit.

Wenn Jesus heute käme
Konfirmationspredigt

Christian Schwarz

Lesung Joh 20,11–18

Was würde geschehen, wenn Jesus in unserer Zeit zu Besuch käme? Die Ostergeschichte Joh 20 ist auch eine Besuchsgeschichte: Zwei Tage zuvor ist Jesus am Kreuz gestorben. Am Morgen des dritten Tages geht Maria ans Grab. Sie möchte um Jesus trauern. Er liegt tot im Grab. Da bekommt sie überraschend Besuch: von Jesus! Und sie erkennt ihn nicht! Sie hat nicht damit gerechnet, dass er leben könnte; mit dem toten Jesus hat sie gerechnet, nicht mit dem lebenden.

Es ist nicht so einfach, Jesus zu erkennen ...
»Ich hätte ihn gar nicht erkannt – so unscheinbar, wie er dastand.« Das sagt jemand im Film »Der Besuch«, als Jesus im Gottesdienst erscheint.
Würden wir ihn denn erkennen? Wie wäre es, wenn Jesus heute käme?
Hätte Jesus eine Facebook-Seite? Wenn ja, was stünde drauf?
Welches Auto würde Jesus fahren – oder vielleicht gar keins?
Wo könnte man ihn treffen? Im Chat oder real?

Und was wäre, wenn er zu uns käme? Heute!? Zu euch Konfirmandinnen und Konfirmanden? Er hätte sich unter die Leute gemischt und säße jetzt hier mitten unter uns, und dann, bei der Segnung, käme er mit nach vorn und stünde hinter euch. Was würde er dir – nur dir! – ins Ohr flüstern?
Ihr erinnert euch an die Hauptperson im Buch »Der Besuch«: Peter musste sich manches von Jesus anhören, was ihm nicht so recht gepasst hat. Was sein Denken auf den Kopf gestellt hat. Z. B., dass Organisation nicht alles im Leben ist.

Super!, werden jetzt manche von euch sagen, das sag ich meiner Mutter, wenn sie wieder mal rumstresst wegen meinem Zimmer. Jesus hat gesagt: Organisation ist nicht alles im Leben!
Moment mal! Vielleicht würde Jesus etwas ganz anderes zu euch sagen. Das Interessante ist ja: Jesus sagt jedem Menschen genau das, was er braucht. Wenn du ein Ordnungsfanatiker bist wie Peter, ist ein bisschen Unordnung hilfreich. Wenn du deinen Kleiderschrank morgens zum dritten Mal durchwühlst und trotzdem nur gebrauchte Unterwäsche findest, ist wahrscheinlich Aufräumen angesagt.

Jesus sagt dir das, was du brauchst. Und oft fordert das heraus. So wie Maria in der Ostergeschichte: Sie wird auch herausgefordert. Sie möchte Jesus festhalten. Alles soll wieder so sein wie früher. Aber Jesus sagt: »Halte mich nicht fest!« Ich kann nicht bleiben. Jedenfalls nicht so wie bisher. Ich werde bei dir sein. Anders. Aber ich werde bei dir sein.

Also, meine Lieben: Was würde er zu euch sagen?
Zu einem würde er vielleicht sagen: Du bist ein begabter Mensch. Was du anfasst, das gelingt, du sprichst andere an, hast Charme, Erfolg – du merkst deine Wirkung auf andere.
Freu dich darüber: dir ist viel geschenkt und viel anvertraut.
Im Englischen heißt »Gabe« »gift«: Ist deine Gabe Gabe oder Gift? Die Gabe kann zum Gift werden, wenn nur du groß herauskommen willst. Oder möglichst viel Kohle scheffeln willst. Ich wünsche dir die Erfahrung, dass du andere mit deiner Gabe erfreust und Gutes für unsere Welt bewirkst.

Zu einer anderen würde Jesus vielleicht sagen: In deiner Familie gibt es viele Probleme, an denen du leidest. Du hast schon viel mitgemacht. Manchmal fragst du dich: Bin ich schuld daran?
Du kannst nichts dafür! Erwachsene sind manchmal gar nicht erwachsen – sie sind in ihren Konflikten oft wie Kinder, aber ihre Kinder leiden darunter. Ich bin bei dir! Begleite dich! Und ich weiß auch, was es heißt, am Rand zu stehen. Teile deine Sorgen mit mir, ich möchte sie mit dir tragen. Konzentriere dich darauf, was dich stark macht: Freunde, vielleicht deine Oma, vielleicht ein Lehrer ... Ich liebe dich – du wirst einen Weg finden!

Wieder zu einer: Du hältst dich zurück in der Gruppe. Bloß nicht auffallen, am besten einfach mitschwimmen, immer freundlich und höflich sein; über die Stränge schlägst du nur, wenn du unbeobachtet bist. Du, ich hab mehr mit dir vor, du kannst mehr, du bist wichtiger, als du denkst. Es werden auch Situationen kommen, in denen du dich entscheiden musst: Man kann sich nicht immer einfach zurückhalten und brav sein – man muss auch mal Stellung beziehen. Überleg dir, was dir wichtig ist – und kämpf dafür! Für die Menschen, die dir wichtig sind, für unsere Welt!

Und zu einem anderen würde er vielleicht sagen: Du stehst ziemlich am Rand. Sie trauen dir nichts zu. Oder wollen einfach nichts mit dir zu tun haben. Das ist schlimm.
Ich bleibe bei dir. Aber überleg dir auch mal, wie du auf sie zugehen kannst. Was stört sie eigentlich an dir? Frag mal andere! Vielleicht kannst du auch etwas ändern. Vielleicht trennt euch gar nicht so viel. Bau kein Feindbild auf – mach den ersten Schritt! Ich gehe mit!

Und dann würde er zu einer sagen: Du weißt schon ziemlich viel über den Glauben. Viele Gottesdienste hast du besucht. Du kennst dich richtig gut aus. Das gefällt mir.
Aber pass auf, dass du das Wesentliche nicht aus den Augen verlierst: Gott lieben und den Nächsten wie dich selbst. Und dein Nächster – das ist jeder, nicht nur der in der Gemeinde. Ich bin auch zu allen hingegangen, ich habe sie alle gleich geliebt, nicht nur die, die mit mir auf einer Wellenlänge waren. Handle danach, und du wirst ganz neue Erfahrungen machen!

So etwa könnte das passieren.

Bei einer Konfirmation hielt jemand aus dem Kirchengemeinderat eine Rede. Dann nahm er das Kreuz vom Altar. Das Kreuz ist leer – er hängt nicht mehr dran.
»Der Herr ist auferstanden – er ist wahrhaftig auferstanden und erfreut sich bester Gesundheit«?!

Also hört gut hin – nicht nur heute –, was er euch zu sagen hat.

Liturgische Bausteine

Dank und Fürbitte

Micaela Strunk-Rohrbeck

Entstanden aus Gedanken, die Eltern beim Elternabend vor der Konfirmation anonym zusammengetragen haben, vorgetragen von Vätern und Müttern.

Pfarrerin:
Wir danken dir, Gott,
für Brot und Kelch, für die Zeichen deiner Nähe.
Wir danken dir für all das Gute,
das du in unser Leben hineingelegt hast.

Sprecher/in 1:
Guter Gott, heute, am Tag der Konfirmation,
sehen wir voller Glück auf unsere Kinder.
Wir sind dankbar, dass sie gesund sind,
und freuen uns darüber, dass sie behütet aufwachsen können.

Sprecher/in 2:
Wir staunen, wie eigenständig sie schon sind
und wie sie sich zu offenen, herzlichen Menschen entwickelt haben.
Wir sind froh über ihre Entscheidung, sich konfirmieren zu lassen.

Sprecher/in 3:
Guter Gott, wenn wir an die Zukunft unserer Kinder denken,
dann möchten wir dich um vieles bitten:
Schenk unseren Kindern, dass sie gesund und fröhlich bleiben
und dass sie auch von anderen angenommen werden, wie sie sind.

Sprecher/in 1:
Hilf doch, dass sie die richtigen Freunde finden
und dass sie auch ein gutes Verhältnis zu unserer Familie behalten.
Gib, dass sie einen Beruf lernen können, der ihnen entspricht,
und dass sie sich ihre Träume erfüllen können.
Hilf ihnen, mit beiden Beinen fest im Leben zu stehen.

Sprecher/in 2:
Guter Gott, es gibt viele Erfahrungen,
die wir unseren Kindern gern ersparen würden:
Fehlentscheidungen und Misserfolge, falsche Freunde und Mobbing,
Probleme mit Alkohol oder Drogen.
Wie gern möchten wir unsere Kinder bewahren vor Einsamkeit und Hoffnungslosigkeit,
vor Armut, Hunger und Krieg,
vor schweren Krankheiten und dem Verlust lieber Menschen.

Sprecher/in 3:
Aber als Eltern haben wir nicht alles in der Hand.
Deshalb befehlen wir unsere Kinder heute dir an.
Begleite und beschütze sie auf ihrem weiteren Weg.
Lass ihr Vertrauen in dich wachsen und reifen ein Leben lang.
Lass sie immer den Segen spüren, den du ihnen heute zugesprochen hast.

Lied zur Konfirmation

Micaela Strunk-Rohrbeck

Zum Lied »Herr, wir bitten: Komm und segne uns« (Peter Strauch) können auch folgende Strophen gesungen werden.

1. Was uns einzeln prägt, woran jeder trägt –
du, Gott, hast es uns gegeben.
Wir sind uns nicht gleich – das macht uns erst reich,
schenkt uns Segen jeden Tag.

2. Wo Verschiedenheit uns bereitet Leid –
Gott, da lass uns offen bleiben.

Doch wo Einigkeit überwindet Streit –
Gott, da lass uns dankbar sein.

3. Wer sich selbst verschenkt, nicht an sich nur denkt,
wird des Lebens Fülle haben.
Wer den Nächsten liebt, immer neu vergibt,
Gott, den segnest du mit Kraft.

4. Gott, dein großes Ja ist uns heute nah:
Du hast hier zu uns geredet.
Geh du weiter mit, bis wir Schritt für Schritt
ganz in deiner Liebe stehn.

Texte zur Konfirmation

Kurt Rainer Klein

Segensreich

Es ist ein Segen

mehr Fragen
zu haben
als Antworten

mehr Zweifel
zu spüren
als Gewissheit

mehr Unruhe
zu empfinden
als Gelassenheit

mehr Skepsis
zu zeigen
als Selbstsicherheit

mehr Herausforderung
zu kennen
als Langeweile

mehr Gebete
zu sprechen
als Versicherungen

mehr Gott
zu vertrauen
als materiellen Dingen

Gebet

Begleite
diese jungen Menschen
mit deinem Segen
auf ihrem Weg.

Gib ihnen Freunde,
denen sie vertrauen
in ihren Fragen.

Schenke ihnen Ziele,
die zu erreichen
ihnen Freude macht.

Öffne ihnen Türen,
durch die sie gehen
und Neues entdecken.

Schenke ihnen Freiheit,
die sie ausfüllen
mit ihrer Verantwortung.

Stärke ihren Glauben,
der ihnen Mut macht,
ihr Leben zu leben.

Fürbittengebet

Claus Marcus

Gemeindevers: Herr, erbarme dich (EG 178,11)

Gott, miteinander sind wir auf der Suche nach den Kräften, die uns den Weg durch das Dickicht dieser Zeit finden lassen. Da sind so viele Ablenkungen. Hilf uns, Wesentliches von Unwesentlichem unterscheiden zu können. Mit diesen jungen Menschen bitten wir um die Zuversicht, die nächsten Schritte setzen zu können. Lass nicht zu, dass wir einander im Stich lassen. Nur gemeinsam, Junge und Alte, können wir deine Gemeinde in der Welt bauen und gestalten.

Du weißt, wie sehr sie sich im Unterricht darum bemüht haben zu verstehen, was ihr Leben mit dem Glauben gemeinsam hat. Ihnen ist es heute ernst mit ihrem Ja-Wort zu ihrer Taufe. Nimm sie gnädig an deine Hand, dass sie mutig ihre Schritte in den unbekannten Morgen setzen. Bewahre sie vor großen Enttäuschungen. Schenke ihnen Lebensmut und Neugier auf Neues.

Mit unseren Konfirmandinnen und Konfirmanden stehen wir heute vor deinem Angesicht und bitten um eine lebendige Gemeinschaft in unserer Gemeinde. Schenke uns offene Ohren zu hören und wache Augen zu sehen, was jetzt für die Zukunft deiner Gemeinde in der Welt wichtig ist. Lass uns mutig neue, ungewohnte Schritte wagen. Gib uns die Freiheit, dem Abenteuer des Lebens neugierig zu folgen.

Gott, lehre uns immer wieder das Staunen über die vielen Möglichkeiten, die du uns täglich schenkst. Wir danken, dass du uns brauchst, Gemeinde mit Menschen zu gestalten. Wir bitten um Offenheit und Gelassenheit, um Freiheit und Hoffnung füreinander und miteinander. Bewahre uns vor Resignation und Zorn. Lass uns erspüren, was not ist und wo wir gebraucht werden.

Ewiger, wir danken dir für diesen Tag, an dem junge Menschen sich zu dir bekennen. Sei du auch weiterhin ihr guter Begleiter gerade auch in den Widrigkeiten des Erwachsenwerdens. Gib sie niemals auf, auch wenn sie sich zeitweilig von dir abwenden. Gib uns den Mut und die Freiheit, ihren Fragen niemals auszuweichen. Lass uns spüren, wo sie auf eine ehrliche Antwort von uns warten.

Die Autorinnen und Autoren

Superintendent i. R. Heinz **Behrends**, Göttingen
Pfarrer i. R. Wolfram **Braselmann**, Wölpinghausen
Pfarrer Francesco **Cattani**, Zürich
Pfarrerin Michaela **Deichl**, Neckargemünd
Pfarrerin i. R. Mechthild **Friz**, Welzheim
Pfarrerin Dr. Emilia **Handke**, Hamburg
Pfarrer Berthold W. **Haerter**, Oberrieden (CH)
Pfarrer i. R. Dr. Rolf **Heinrich**, Gelsenkirchen
Pfarrerin Corinna **Hirschberg**, Bielefeld
Pfarrer Frank **Howaldt**, Hamburg
Pfarrer Kurt Rainer **Klein**, Schornsheim
Pfarrer Dr. Christoph **Kock**, Wesel
Pfarrerin Anja **Lochner**, Sylt
Konrektorin Antonia **Lüthy Haerter**, Oberrieden
Pfarrer i. R. Claus **Marcus**, Teltow
Pfarrer i. R. Klaus von **Mering**, Rastede
Pfarrer Jörg **Prahler**, Gusborn
Sozialdiakonin Isabella **Schmidt-Akala**, Zürich
Pfarrer Dr. Christian **Schwarz**, Wiesloch
Pfarrerin i. R. Micaela **Strunk-Rohrbeck**, Diepenau
Pfarrer Martin **Vogt**, Sundern